ICH KENN DOCH MEINE PAPPENHEIMER!

Rolf-Bernhard Essig

ICH KENN DOCH MEINE PAPPENHEIMER!

Wunderbare Geschichten hinter sprichwörtlichen Orten

Mit Illustrationen von Tobias Göbel

Dudenverlag

Berlin

Bibliografische Information der Deutschen Nationalbibliothek
Die Deutsche Nationalbibliothek verzeichnet diese Publikation in der Deutschen
Nationalbibliografie; detaillierte bibliografische Daten sind im Internet über
http://dnb.dnb.de abrufbar.

Es wurde größte Sorgfalt darauf verwendet, dass die in diesem Werk gemachten
Angaben korrekt sind und dem derzeitigen Wissensstand entsprechen.
Für dennoch wider Erwarten im Werk auftretende Fehler übernehmen Autor,
Redaktion und Verlag keine Verantwortung und keine daraus folgende oder
sonstige Haftung.

Das Wort **Duden** ist für den Verlag Bibliographisches Institut GmbH als Marke
geschützt.

Bibliographisches Institut GmbH, Mecklenburgische Straße 53, 14197 Berlin

Redaktionelle Leitung Juliane von Laffert
Redaktion Ursula Thum, Text+Design Jutta Cram
Herstellung Ursula Fürst
Layout und Satz Burga Fillery, Berlin
Umschlaggestaltung Schimmelpenninck.Gestaltung, Berlin
Umschlagabbildung © dieillustratoren/tobiasgoebel
Illustrationen © dieillustratoren/tobiasgoebel
Druck und Bindung AZ Druck und Datentechnik GmbH, Heisinger Straße 16,
87437 Kempten

Printed in Germany
ISBN 978-3-411-71107-9
www.duden.de

INHALTSVERZEICHNIS

VORWORT

**Wie Städte, Dörfer und Regionen unsere
sprachliche Landkarte prägen**

Waren Sie schon mal in Pappenheim? Oder in Hornberg? Vielleicht nicht. Aber sicher kennen Sie die Städtchen und führen sie immer mal wieder im Mund. Dazu Buxtehunde, Hameln und Kassel; von Athen, Babel oder Houston ganz zu schweigen. Unglaublich viele Orte wurden im deutschen Sprachraum genau wie in anderen Kulturen sprichwörtlich. Sie können klein sein wie Posemuckel, lustig heißen wie Castrop-Rauxel oder eine historische Bedeutung besitzen wie Rom. Neid, Erzähllust und Bewunderung ließen gewitzte Wendungen entstehen, um Eigenheiten von Städten und ihren Bewohnern aufs Korn zu nehmen. Ganz vorne dabei waren bei der Schöpfung von Redensarten, wie so oft, die Schriftsteller. Das geflügelte Wort »Eulen nach Athen tragen« etwa verdanken wir dem griechischen Dramatiker Aristophanes. Aber was sind geflügelte Worte eigentlich genau? Und wie unterscheiden sie sich von Redensarten und Sprichwörtern, die hier auch zu finden sind?

Kurz gesagt, nennt man beliebte und gebräuchlich gewordene Zitate aus Büchern, Theaterstücken, Opern, Filmen oder Liedern »geflügelte Worte«. Den Ausdruck prägte im 19. Jahrhundert Georg Büchmann für – etwas überspitzt gesagt – Angebersprüche, die Bildung zeigen sollten. Eben wie bei den Eulen, Athen und Aristophanes.

Daneben gibt es Sprichwörter; oft sollen sie eine Lehre transportieren, sind vollständige Sätze und bedienen sich nicht selten einer gehobenen Sprache. Beispiel: »Hic Rhodos, hic salta!« Das ist sogar Latein. Was dahintersteckt, entdecken Sie leicht im Bereich »Europa«.

Redensarten und Redewendungen dagegen sind nur Satzteile, die bildhaft einen bestimmten Sachverhalt charakterisieren. Meist kennen wir ihren Hintergrund gar nicht mehr, wie zum Beispiel bei den »böhmischen Dörfern«, die für Unverständliches stehen und selbst einer Erklärung bedürfen.
Genug der Theorie, rein ins sprichwörtliche Ortsvergnügen! Erst geht es in die deutschsprachigen Gebiete, dann in den Rest Europas und schließlich in die Welt. Ach ja, ein paar Orte suchen Sie auf der Landkarte vergebens, denn auch erfundene Orte können sprichwörtlich werden. Denken Sie nur an das schöne Schlaraffenland!

Ihr Rolf-Bernhard Essig

Eckernförde

Burg Kniphausen

Lübeck

Greifswald

POMMERN

Hamburg

Vegesack

Buxtehude

Bremen

Schönhausen

DEUTSCHLAND

Berlin

Schenkendorf

Münster

Bielefeld

Hameln

Magdeburg

Wanne-Eickel

Castrop-Rauxel

Blocksberg

Schilda

Calau

Gelsenkirchen

Meißen

Bautzen

Neandertal

Solingen

Kassel

Leipzig

SACHSEN

Köln

Krähwinkel

Wartburg

Reichenbach

Kuhschnappel

Dresden

Aachen

Schwarzburg

Kühdorf

Scheuern

Nassau

Frankfurt am Main

Mainz

Sachsenhausen

Heidelberg

Reichartshausen

Pettstadt

Forchheim

Weinsberg

Erlangen

Nürnberg

Pappenheim

Passau

Hornberg

Altötting

Ulm

Augsburg

Ruhestetten

Schaffhausen

München

Bad Säckingen

Laufenburg

Bodensee

Basel

Küsnacht

Hinterwald

ÖSTERREICH

Bern

Luzern

SCHWEIZ

KAPITEL 1

Der Weg nach Küsnacht, das Hornberger Schießen und das heiratsfreudige Österreich

Sprichwörtliche Orte in Deutschland, Österreich und der Schweiz

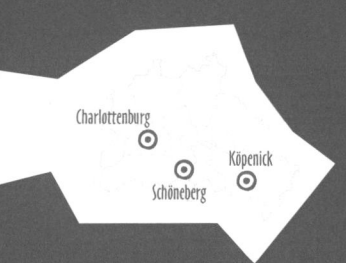

AACHEN

»Aachen und Köln sind nicht an einem Tag gebaut
(und werden nicht an einem Tag zerschell'n).«

»Aachen ist des deutschen Reiches Haupt.«

»In Aachen gekrönt, in Rom verhöhnt.«

»Er läuft von Aachen nach Köln.«

Hintergrund und Bedeutung: In Aachen krönte man im 9. Jahrhundert Kaiser, später die deutschen Könige – beides mit dem Anspruch, die Reihe der römischen Herrscher fortzusetzen. Kein Wunder, dass man sich sprichwörtlich mit Rom verglich. So übertrug man **»Rom wurde auch nicht an einem Tag gebaut«** auf die prächtige Krönungspfalz Aachen und dazu die Aura, standfest, ja eine Art »ewige Stadt« zu sein. Für Köln galt das ähnlich. Einleuchtend ist ebenfalls, dass die Stadt, in der den Herrschern die Krone aufs Haupt gesetzt wurde, behaupten konnte, das sprichwörtliche Haupt des Reiches zu sein.

Im hohen Mittelalter mussten die deutschen Könige ihren Kaisertitel in Rom abholen. Bei Heinrich IV. kam es gegen Ende des 11. Jahrhunderts zu einem harten Machtkampf mit Papst Gregor VII., in dessen Verlauf der König seinen »Gang nach Canossa« antreten musste. Auf diesen tiefen Fall und schnellen Glückswechsel bezieht sich das Sprichwort **»in Aachen gekrönt, in Rom verhöhnt«** warnend.

Das letzte Sprichwort bedeutete ursprünglich, dass jemand verzweifelt sein Recht sucht und dabei sogar eine Reise von Aachen nach Köln auf sich nimmt. Es ähnelt ein wenig der Redewendung »von Pontius zu Pilatus laufen« und kann insofern auch ein fruchtloses Hin und Her bezeichnen. Die Redensart bezog man früher aber auch auf Bettler, die auf der Straße lebten.

ALLGÄU *siehe* »Das Modell ›Eulen nach Athen tragen‹«, S. 71

ALTÖTTING *siehe* **Basel**

AUGSBURG

»Das Beste an Augsburg ist der Zug nach München.«

Hintergrund und Bedeutung: Angeblich soll der freche Bertolt Brecht (1898–1956) seiner Geburtsstadt den bösen Spruch ins Stammbuch geschrieben haben. In seinen Werken ist er nicht nachweisbar, und es gibt Quellen, die darauf hinweisen, er sei schon vor seiner Zeit verbreitet gewesen. Die Fahrt dauerte auch vor gut 100 Jahren nur kurz. Am 2. Juli 1907 fuhr eine Dampflok bereits den Geschwindigkeitsweltrekord von 154 Kilometern pro Stunde. Das Sprichwort zeigt schön den Gegensatz zwischen Metropole und angeblicher Provinzstadt, und man hört es ähnlich auch andernorts: **»Das Schönste an Bremen ist die Autobahn nach Hamburg.«** Ja, als Modell ist das Sprichwort international: Der Fünf-Uhr-Zug nach New York sei das Beste an Boston, der Zug nach Addis Abeba das Beste an Djibouti. Es gab freilich auch Umkehrungen, bei denen die Metropolen schlecht abschnitten, so sei das Beste an London der Zug nach Glasgow, was für den Stolz der Schotten spricht. Über Brechts Heimat konnte man im letzten Viertel des 19. Jahrhunderts etwas Ähnliches hören: »Will man in München gut essen, muss man nach Augsburg fahren.« Dieses Sprichwort hielt sich nicht lange, weil es wohl sehr rasch nicht mehr den Tatsachen entsprach.

BASEL

»aussehen wie der Tod von Basel«
(alternativ: Lübeck/Dresden/Ypern/Altötting/
Forchheim/Warschau)

Bedeutung: kränklich, ungesund, geschafft aussehen
Hintergrund: Wer krank ist, sieht meistens auch so aus – blasse, ungesunde Gesichtsfarbe, traurige Miene, schlaffe, gebeugte Haltung, womöglich abgemagert. Je kränker einer ist, umso mehr ähnelt er einem lebenden Leichnam oder dem personifizierten Tod. Als Gerippe oder zombieartige, halb verweste Gestalt wurde der Tod spätestens seit dem 14. Jahrhundert in den sogenannten Totentänzen immer wieder darge-

stellt. In einer langen Reigentanzgruppe sah man dort den Tod – manchmal mit einem Instrument in der Hand – sowie Vertreter aller Stände, die ihm folgen müssen. Der Basler Totentanz wurde im deutschsprachigen Raum besonders bekannt. Das Fresko auf der Friedhofsmauer der dortigen Predigerkirche zeigt auf zweimal 60 Metern 39 Paare, immer ein Vertreter eines Standes und dazu sein personifizierter Tod – nur noch von Haut überzogene Knochengestalten. Spätestens im 16. Jahrhundert verglich man nun sprichwörtlich und spöttisch besonders krank aussehende Menschen mit dem Satz: **»Du siehst aus wie der Tod von Basel.«** Oder: **»Du siehst aus wie der Totentanz von Basel.«**

Ähnliche Darstellungen führten dann zu ähnlichen Aussprüchen, so der Lübecker Totentanz: **»He sütt ut as de Dod van Lübeck.«** Oder der in Dresden: **»Der sieht aus wie der Dresdner Totentanz.«** Oder wie der in Warschau.

Das bewährte Redensartenmodell übertrug man rasch auf eindrucksvolle Statuen und Figuren des Todes in Ypern oder Altötting, sodass man sagte, einer sähe aus **»wie der Tod von Ypern«**, was auch in Holland bekannt ist, oder **»wie der Tod zu Altötting«**. In Bayern ist der Ausspruch natürlich nur im Dialekt gebräuchlich: **»Schaugst aus wia da Tod z'Eding / vo Eding.«** In der berühmten Altöttinger Wallfahrtskirche sieht man auf einer prächtigen Holzuhr den Tod als halbmetergroßes Gerippe mit Sense, das sich beim Stundenschlag hin- und herbewegt, als senste es.

Ganz ohne Bild oder Figur, aber nach dem Altöttinger Redensartenvorbild gebildet, heißt es in vielen Gegenden Ober- und Mittelfrankens **»ausschauen wie der Tod von Forchheim«**. Der Grund für die Übertragung lag wohl an den ungesunden Lebensverhältnissen, die herrschten, als der Bamberger Bischof seine Garnison hierher verlegte und damit zusätzlich zur Bürgerschaft noch sehr viele Soldaten innerhalb der Stadtmauer unterbringen ließ.

In Forchheim selbst verwendet man den Ausdruck übrigens nicht. Hier sagt man eher: **»Schaust aus wie dä gschundn Moo vo Kronich«**, also: »Du siehst aus wie der geschundene Mann von Kronach« – und spielt an auf zwei Steinskulpturen von Männern, die ihre Haut auf dem Arm tragen. Sie stehen auf der großen Wappensäule Kronachs, welche an die Heldentat von vier Männern erinnert, die 1632 bei der Belagerung der Stadt durch die Schweden die Zündlöcher der feindlichen Kanonen vernagelt hatten. Sie wurden ergriffen und zur Strafe gehäutet. Ihr Aussehen wie das ihrer Steinabbilder auf der Säule ist wahrlich ungesund.

PS: Mit **Basel** fing dieser Abschnitt über ungesundes Aussehen an, deshalb mag es erlaubt sein, die Basler noch kurz in Schutz zu nehmen. Die Redensart **»etwas verbaseln«** hat nichts mit der schönen Stadt zu tun. Sie rührt vielmehr vom mittelniederdeutschen Wort »basen« bzw. der verstärkenden Form »vorbasen« her, was »unsinnig reden, handeln« hieß. Wer dumm handelt, der verbaselt leicht etwas. Die Stadt am Rhein beeinflusste vielleicht die Weiterentwicklung des Wortes, obwohl man dort sicher nicht mehr als anderswo verbaselt.

SPRICHWÖRTLICHE GEFÄNGNISSE

Die folgenden Kerker und Haftanstalten stehen in Nationalsprachen oder international jeweils sprichwörtlich für Haft oder Gefängnis überhaupt. Wer ihren Namen erwähnt, der weckt damit eine Menge Assoziationen, der konnte und kann darauf verzichten, die Begriffe »Gefängnis« oder »Qual« oder »Haft« zu verwenden. So sagt man zornig oder empört »Der gehört nach [Name des Gefängnisses]« oder »Der ist wohl aus [Name des Gefängnisses]« etc. Dazu kommen historische Ereignisse wie »der Sturm auf die Bastille« oder prominente Gefangene wie Nelson Mandela auf Robben Island, die Strafanstalten sprichwörtlich machten. In Deutschland wie in anderen Ländern verwendete man die Gefängnisnamen außerdem in stehenden Wendungen zur Erziehung wie »Wenn du so weitermachst, kommst du noch nach [Name des Gefängnisses]!«.

Abu Graib: Die Folterpraktiken unter dem Diktator Saddam Hussein hatten dem Gefängnis westlich von Bagdad schon einen fürchterlichen Namen verschafft, die US-Amerikaner führten in schrecklicher Weise die Folter an Gefangenen fort – immer wieder bis zum Tod.

Alcatraz: Spektakulär gelegen in der Bucht von San Francisco, angeblich ausbruchsicher, längst nur noch Geschichte und unsterblich als Mythos hat es auch Eingang in Computerspiele gefunden.

Bastille: Die Erstürmung des Pariser Gefängnisses löste die Französische Revolution mit aus.

Bautzen: *siehe* S. 15   »»»

Dartmoor: In der Grafschaft Devon befindet sich die in Dutzenden Filmen und Büchern behandelte Strafanstalt, die sogar über ein eigenes Museum verfügt.

Guantanamo: Der Name steht für Folter, Isolation und Entrechtung, da den dort Internierten von den US-Streitkräften, die es führen, oder der US-Regierung weder Rechte als Kriegsgefangene noch als Straftäter zugestanden werden.

Newgate und **London Tower:** Die beiden englischen Gefängnisse gehören sicher zu denen, die am häufigsten in der Literatur als Schauplatz gewählt wurden und deshalb zu geflügelten Worten wurden.

Plötzensee: Das Berliner Gefängnis trägt den Spitznamen »Plötze« – und wurde unter diesem Namen sprichwörtlich.

Robben Island: Das südafrikanische Gefängnis gehört zu den sehr jungen, denn erst 1961 wurde es eingerichtet. Nelson Mandela verbrachte hier 27 Jahre in Haft mit harter Zwangsarbeit.

Santa Fu: Eine Abkürzung der Hamburger Strafanstalt Fuhlsbüttel als »St. Fu« und das amerikanische Vorbild San Quentin führen zu dem populären Namen. Auch die Medien griffen diese Abkürzung auf und titelten nach Ausbrüchen »Santa Fu und raus bist du«.

San Quentin: Gar nicht weit von Alcatraz entfernt liegt das riesige Staatsgefängnis San Quentin. Immer schon berüchtigt wegen der dort herrschenden Gewalt und häufigen Überfüllung, wurde es berühmt durch Filme, Literatur und Auftritte von Musikern wie Johnny Cash 1958. Drei Jahre zuvor hatte er mit »Folsom Prison Blues« einen Hit über ein anderes kalifornisches Gefängnis geschrieben.

Stadelheim: Die Münchener Strafanstalt ist riesig und auch schon weit über 100 Jahre alt. In Liedern, Büchern und im Alltag dient ihr Name in Bayern als Synonym für Inhaftierung oder den logischen Endpunkt wilden Lebens.

Stammheim: Ähnlich jung wie Robben Island und ähnlich berühmt ist das Stuttgarter Gefängnis wegen der dort inhaftierten und in einem Extragebäude nebenan vor Gericht gestellten Terroristen der RAF.

BAUTZEN

»Ab nach Bautzen!«

Bedeutung: Jemand muss in das Stasi-Gefängnis Bautzen II, eine Formel für plötzliches Verschwinden oder eine Strafandrohung ähnlich wie **»Ab nach Kassel!«** usw.

Hintergrund: Die Redewendung war in der DDR sehr bekannt und gehört zu den wenigen langlebigen, die dort entstanden. **»Ab nach Bautzen!«** hieß es, wenn man Menschen in die »Sonderhaftanstalt der Staatssicherheit« Bautzen II in der Stadtmitte brachte, wo vor allem politische Häftlinge einsaßen und von der Stasi verhört, abgehört, isoliert und gefoltert wurden. Missliebige Autoren wie Erich Loest waren hier inhaftiert, Dissidenten wie Rudolf Bahro, in Ungnade gefallene Parteimitglieder wie Walter Janka oder Wolfgang Harich.

Genaue Informationen über den Gefängnisalltag hatte die Bevölkerung nicht, und vielleicht wirkte deshalb das Schlagwort »Bautzen« umso bedrohlicher.

»Ab nach Bautzen!« wurde und wird darüber hinaus als Drohung im übertragenen Sinn verwendet: »Noch ein Widerwort und ab nach Bautzen!« In der DDR erklärte man damit auch das plötzliche Verschwinden von Menschen. »Und dann hieß es wohl ›Ab nach Bautzen!‹« Auch wenn Bautzen längst zur Gedenkstätte geworden ist, wird sich die Redewendung sicher noch eine Zeit in der Alltagssprache halten. Ob so lange wie **»Ab nach Kassel!«**? Man wird sehen.

BERLIN

siehe auch **Charlottenburg**, **Schöneberg**

»Wat denn, wat denn? Balin is doch keen Dorf!«

»Der echte Berliner kommt aus Breslau.«

»Du bist verrückt, mein Kind, du musst nach Berlin.«

»Das macht die Berliner Luft.«

»Ich hab noch einen Koffer in Berlin.«

»Ich bin ein Berliner.«

»Ja, wenn wir kein Kammergericht in Berlin hätten!«

»bis in die Puppen«

»jwd«

Hintergrund und Bedeutung: Gibt es überhaupt noch echte Berliner samt ihren kessen Sprüchen? Über angeblich urberlinische Witzigkeiten wie **»Schwangere Auster«** für das alte Kongresszentrum (heute »Haus der Kulturen der Welt«) oder **»Telespargel«** für den Fernsehturm am Alexanderplatz rümpfen Berliner eher die Nase. »Das hat man bloß erfunden und uns untergeschoben«, heißt es. Ähnliches gelte für: **»Wat denn, wat denn, Balin is doch keen Dorf!«**

Schon vor gut 100 Jahren gab es außerdem schon das ironische Sprichwort: **»Der echte Berliner kommt aus Breslau.«** Das gewaltige Wachstum der Stadt um 1900 und der ausgesprochen rasch an den Tag gelegte Lokalstolz von gerade erst Zugezogenen ist für das Sprichwort verantwortlich.

Um diese Zeit entstanden auch berühmte geflügelte Worte, die bis heute weiterleben – oft stammen sie aus Liedern. Dass man die spöttischen unter ihnen meist nur außerhalb hört, versteht sich. Gesungen oder gesprochen verwendet man den schönen Spruch: **»Du bist verrückt, mein Kind, du musst nach Berlin, wo die Verrückten sind, da gehörst du hin.«** Er wird oft dem Komponisten Franz von Suppé unterschoben. Doch der schuf nur die musikalische Grundlage mit einem Marsch-Terzett in seiner Operette »Fatinitza« (1876). Kurz darauf war daraus in vereinfachter Musikform ein Gassenhauer geworden. Dem unterlegte man den Text, der sich über das verrückt wachsende Berlin und seine Großstadtallüren lustig machte. Manchmal sang oder schrieb man auch »Plötzensee« statt Berlin, denn da befand sich das große, sprichwörtlich gewordene Gefängnis.

Es gibt Listen und Bücher voller Berlin-Lieder, aber wirklich sprich-wörtlich wurden gar nicht so viele. Zu ihnen zählt natürlich **»Das macht die Berliner Luft«**, die ersten Worte des Paul-Lincke-Liedes, das oft als inoffizielle Hymne der Stadt bezeichnet wird. Im Sinne des viel älteren Sprichworts »Stadtluft macht frei« feiert der eben-falls zum Gassenhauer gewordene Song die befreien-de, anregende Wirkung der Stadt, egal ob es um Lebensfreude, Tanzvergnügen oder die Liebe geht. Kann **»Ich hab noch einen Koffer in Berlin«**, berühmt geworden durch Marlene Dietrich, überhaupt bis heute als sprichwörtlich gelten? Es fehlt die übertragene Bedeutung, und wenn es nur um beliebte Songzeilen ginge, dann könnte man gar nicht mehr aufhören.

John F. Kennedys Satz von 1963 **»Ich bin ein Berliner«** wurde als eines der weni-gen geflügelten Worte aus Berlin interna-tional berühmt. Der US-amerikanische Präsident sprach damals von ei-ner Weiterentwicklung des ebenfalls zitierten **»Civis Romanus sum«**: Wie man vor 2000 Jahren den größten Stolz empfand, wenn man sagte »Ich bin römischer Bürger«, so sei es für die freien Menschen von heute der größte Stolz zu sagen: »Ich bin ein Berliner.« Dreimal fiel der Satz in dieser wohl bekanntesten Rede im Kalten Krieg. Längst hat sich das Zitat allerdings vom Zusammenhang emanzipiert und kann nun je nach Ton und Situation sehr unterschiedlich eingesetzt werden.

Wie Kennedy ist auch der Alte Fritz, König Friedrich II. von Preußen, untrennbar verbunden mit Berlin, und ebenso sind Zitate von ihm geflügelte Worte geworden. Zwei Redewendungen bringt man vor al-lem mit ihm in Verbindung, erstens den Trotzspruch des Müllers von Sanssouci, dem der König angeblich die Mühle hatte wegnehmen wol-len. Der Handwerker hätte geantwortet: **»Ja, wenn wir in Berlin kein**

Kammergericht hätten!« Diese volkstümliche Anekdote über den einfachen Bürger, der erfolgreich dem König die Stirn bot, indem er auf das Recht als höchste Instanz hinwies, erzählen Fremdenführer, Reiseführer und Internetseiten bis heute. Dass es sich um eine wilde Mischung aus zwei Mühlen-Streitfällen handelt (einer zwischen 1738 und 1841 in Potsdam, der andere ab 1770 im ehemaligen Ostbrandenburg), um mindestens zwei preußische Könige, und dass der Alte Fritz im zweiten Fall sogar gegen die juristischen Instanzen das Recht in die eigene Hand nahm und Richter einsperren ließ, kann der rührseligen Geschichte nichts anhaben. Unstritig wahr ist der schöne, leider nicht sprichwörtlich gewordene Satz Friedrichs II., der sich handschriftlich überliefert findet: »... ein Müller ist ein Mensch Eben So guth wie ich bin.« Den Satz kann man immer noch in vielen Situationen anwenden.

Ganz unauffällig, dafür wahr ist zweitens der Berlin- und Friedrich-II.-Bezug in der Redewendung **»bis in die Puppen«**. Der junge König ließ in den 1780er-Jahren den Platz »Großer Stern« im Berliner Tiergarten mit überlebensgroßen Plastiken antiker Gottheiten wie Diana, Venus oder Merkur schmücken. Die Berliner fanden das kurios und machten gerne einen Ausflug zu den Skulpturen, die sie als Spielzeug des Königs empfanden und respektlos »Puppen« nannten. Der Gang zu ihnen wurde – in unbekümmerter Grammatik – »bis in die Puppen« genannt. Von der damaligen Stadt Berlin (heute etwa der Bezirk Mitte) liegen diese Attraktionen ca. drei Kilometer entfernt, also hin und zurück sechs. »Bis in die Puppen« bürgerte sich rasch ein als Bezeichnung für größere Strecken überhaupt. Anfang des 19. Jahrhunderts kam es zu einer Übertragung in die zeitliche Dimension. Jetzt sagte man unter Einfluss von Redewendungen wie **»die Puppen tanzen lassen«** auch **»bis in die Puppen tanzen«**, also bis tief in die Nacht. Heute kann man fast alles »bis in die Puppen« machen, ohne an den Tiergarten Berlins zu denken.

Bleibt eine Petitesse von drei Buchstaben nachzutragen: **jwd**. Viele wissen, dass sie mit »janz weit draußen« aufzulösen sind, aber dass die Post dahintersteckt, eher selten. Die teilte seit 1873 das immer größer werdende Berliner Stadtgebiet in Zustellbezirke auf und kürzte sie mit Buchstaben für Himmelsrichtungen ab: C für »Centrum«, O für »Osten«, SO für »Südosten«. SW und NW bildeten dann die Basis für den spaßhaft erfundenen Zustellbezirk »JWD«.

BIELEFELD

»Bielefeld gibt's nicht.«

Bedeutung: sinnlose Witzbemerkung im Sinne von: lachhaft, ich glaub das nicht, das ist nur eine dumme Behauptung, das sind bloß Fake News, das ist eine alberne Verschwörungstheorie.

Hintergrund: Spätestens die Kampagne einer Burger-Kette machte die beliebte Redewendung deutschlandweit bekannt: **»Bielefeld gibt's gar nicht.«** So stand es in Großbuchstaben auf Plakaten zwischen Nordsee und Staffelsee und darunter: »Glaub nicht alles, was man dir erzählt! mcdonalds.de/wahrheit.«

Dabei handelte es sich bei dem Satz anfangs nur um eine Schnapsidee des Informatikstudenten Achim Held aus Kiel. Der setzte im Internet die Behauptung frei, Bielefeld sei bloß eine Erfindung, alle Daten und Fakten über die Stadt ebenso. Liebevoll und ausführlich »bewies« er den Betrug, noch immer vergnüglich nachzulesen unter http://bv.bytos.de/. Die Art des Textes macht deutlich, wie leicht Verschwörungstheorien in die Welt gesetzt werden können, wie problemlos man Gründe dafür erfinden und scheinbar wasserdichte Argumentationen entwickeln kann.

Insofern ist der Satz – außer als eher anspruchslose Witzelei zwischendurch – auch zu verwenden, um auf unhaltbare, verschwörungstheoretische, alberne etc. Behauptungen zu reagieren. Dass Bielefeld selbst damit wirbt und die zusätzliche kostenlose Werbung durch die Burgerbrater und viele, viele andere dankend annimmt, spricht für die Stadtväter und verleiht dem Sprichwort dann doch Sinn und außerdem zusätzlichen Nutzen.

BLOCKSBERG

»Geh zum Blocksberg!«
»jemanden auf den Blocksberg wünschen«
»Auf dem Messer kannst du auf den Blocksberg reiten.«
(mit vielen Varianten)

Hintergrund und Bedeutung: Der Blocksberg ist ein ganz schöner Brocken, sogar im Wortsinn. Die sagenhafte Hexenversammlungsstätte liegt nämlich im Harz und ist eine andere Bezeichnung für dessen höchste Erhebung. Es gibt allerdings in Deutschland noch viele weniger bekannte Blocksberge oder Bloxberge, sogar Hunderte. Kein Wunder, dass man in Zeiten lebendigen Hexenglaubens überall Redewendungen damit bildete. Ein wenig veraltet ist der Wunsch **»Geh zum Blocksberg!«** oder **»jemanden auf den Blocksberg wünschen«**. Es handelt sich dabei um eine Variante von **»jemanden zum Teufel wünschen«**, denn den verehren die Hexen angeblich auf dem Blocksberg, oder um eine Verstärkung von **»jemanden dahin wünschen, wo der Pfeffer wächst«**.

Bis heute beliebt und variantenreich ist die Verwünschung von stumpfen Messern. Der Aberglaube betrachtet Messer sowieso schon mit Argwohn und Vorsicht. So heißt es vielerorts: **»Lass kein Messer mit der Schneide nach oben liegen, sonst reiten die Hexen darauf zum Blocksberg!«** Klar, das ist letztlich nur eine irrationale Verstärkung eines vernünftigen Handelns, denn die nach oben liegende Schneide ist gefährlich. Die abergläubische Bedeutung und der Satz selbst verbreiteten sich auch deshalb überall in deutschsprachigen Gebieten.

In der Frühen Neuzeit entwickelte sich aus dem sprichwörtlichen Messerritt der Hexen der Spott über stumpfe Schneidwerkzeuge, an denen man sich selbst beim Draufreiten nicht schnitte. So hieß es erst: **»Auf dem Messer kannst du zum Blocksberg reiten.«** Oder: **»Auf dem Messer kann eine Hex mit nacktem Hintern / ohne Unnerbüx reiten.«** Bald verlor sich der Hexenbezug. Nun konnte bloß noch eine alte Frau auf einem stumpfen Messer reiten oder aber jeder. Und den Blocksberg ersetzten bald Orte in gewisser Entfernung. Von denen gibt es unzählige Varianten: **»Auf dem Messer kannst du bis Bamberg, Buxtehude, Hamburg, Köln, Paris, Rom, Russland reiten.«**

BODENSEE

»Das war ein Ritt über den Bodensee.«

Bedeutung: Das war eine überaus gefährliche Situation, die überraschenderweise gemeistert wurde.

Hintergrund: Eine Geschichte aus dem 19. Jahrhundert steckt hinter der Redensart. Im Winter muss ein Mann zum Bodensee und über ihn hinweg ans andere Ufer reisen. Er reitet durch Eis und Schnee. Der Weg ist schlecht zu sehen. Der Reiter hofft, bald den See zu erreichen. Dort will er ein Schiff ans andere Ufer nehmen. Dann bricht auch noch der Abend herein. Die Strecke erscheint ihm unerklärlich lang. Eigentlich hätte er schon am Ufer sein müssen. Endlich tauchen Lichter im Dunkel auf. Bald erkennt er Häuser und ist erleichtert. Aus einem Fenster schaut ein Mädchen. Der Reiter fragt, wie weit es noch bis zum Ufer sei und ob er dort ein Schiff finden könne, er wolle über den See. Das Mädchen sagt: »Du bist schon am anderen Ufer. Der Bodensee ist zugefroren, was fast nie geschieht. Du bist über das trügerische Eis geritten.« Und das Mädchen ruft die anderen Dorfbewohner herbei. Sie erzählt ihnen von dem Ritt übers Bodensee-Eis. Da wollen sie den Reiter in ihre Häuser einladen. Doch der sitzt stocksteif auf seinem Pferd. Der Schreck steckt ihm in den Gliedern. Jetzt erst begreift er die überstandene Gefahr und fällt tot vom Pferd.

Diese Geschichte erzählte der Dichter Gustav Schwab 1826 in seinem Gedicht »Der Reiter und der Bodensee«, das überaus populär wurde. Generationen von Schülern mussten es auswendig lernen.

Bis vor einigen Jahrzehnten bezog man die Redewendung – genau der Gedichthandlung entsprechend – auf unbewusst eingegangene große Risiken. Längst kann man aber auch sagen: »Das wird ein Ritt über den Bodensee« – und damit bewusst kalkulierte hohe Risiken bezeichnen.

BREMEN

»Ich bin doch kein Bremer!«

Bedeutung: Ich erledige meine Aufgaben selbst und lasse sie nicht von einem anderen erledigen. Seltener: So blöd bin ich nicht! Mich haut man nicht übers Ohr!

Hintergrund: Der Spruch ist in Lübeck zu hören, in Hamburg und Stade, aber in Bremen nicht. Das kennt man von vielen Spott-Redensarten. Der Satz ist schon seit etwa 1700 in Gebrauch und entstand wohl gleichzeitig an unterschiedlichen Orten und in unterschiedlichen Formen. Gut möglich, dass die Holländer verantwortlich für ihn sind. Bei ihnen hießen die langen, beim Arbeiten oder Fechten hinderlichen Manschetten, die zu dieser Zeit Mode waren, »Bramers«. Und in Holland findet man damals auch die Redewendung: **»Ik ben geen Bremer.«** Das hieß damals wohl: »Ich bin keiner, der faul ist oder etwas auf sich sitzen lässt.« Klar, wer Manschetten trug, die zwar modisch, aber unpraktisch waren, dem traute man das Zupacken nicht zu. Wir kennen ja auch in Deutschland den Ausdruck **»Manschetten haben«** für »Angst haben«.

Genau im heutigen Sinne gab es damals in Holland auch: **»Ik laat het werk mij niet uit de hand nehmen, mijn vader is geen Bremer geweest.«** »Werk« kann »Sache«, »Aufgabe«, »Werk« heißen, aber auch »Werg«. Beim Kalfatern, also Abdichten der Schiffe, war der sehr wichtig, und der Kalfaterer hieß »breeuwer«. Vielleicht wurde auch das zu »Bremer« verballhornt. Jedenfalls übernahmen es Hansekaufleute gern, um auf ihre handfeste Tatkraft hinzuweisen – bis auf die Bremer.

BUXTEHUDE

siehe auch **Timbuktu**

»In Buxtehude, wo die Hunde mit dem Schwanz bellen.«

Hintergrund und Bedeutung: Das Sprichwort vom Hund, der mit dem Schwanz bellt, klingt wie ein Satz aus *Verkehrte Welt*, wo alles anders

SPRICHWÖRTLICH PROVINZIELLE UND SPIEßIGE ORTE

Neben Buxtehude gibt es noch viele andere Orte, die sprichwörtlich »hinter dem Mond« liegen.

Castrop-Rauxel: Für sehr viele Deutsche klingen die Doppelbezeichnungen der am 1. April 1926 künstlich zusammengefügten Gemeinden Castrop-Rauxel und Wanne-Eickel ausgesprochen lustig. Spätestens seit den Fünfzigern verwendete man sie sprichwörtlich, um auf Provinzialität, Durchschnittlichkeit, Langweiligkeit und Seltsamkeit zu verweisen.

Hinterfultigen/Hinterguggigen/Hintertupfing(en) etc.: Wer hinter dem Mond lebt, befindet sich auf der stets erdabgewandten Seite. Kein Wunder, dass man in deutschsprachigen Landen Orte, die mit »Hinter-« beginnen, benutzt, um sich über Rückständigkeit, Provinzialität und Ähnliches zu amüsieren – egal, ob es die Orte wirklich gibt oder ob sie nur erfunden sind. Hinterfultigen und Hinterguggigen sind in der Schweiz beliebt, Hintertupfing(en) in Deutschland.

Hinterwälder/Hinterwäldler: Wälder waren vielerorts die natürliche Grenze von Siedlungen, zumal solchen, die den Wäldern durch Brandrodung abgerungen worden waren. So hätte die Redensart, dass »jemand ein Hinterwäldler sei«, auch in Deutschland selbst entstehen können. Sie kam jedoch erst um 1800 auf, als man von den »backwood's men« in den USA las und hörte. Das waren Siedler und Pioniere, die tief in den Wäldern und fern von der Zivilisation lebten. Der »Hinterwäldler« wurde dann als sehr gute Übersetzung sprichwörtlich.

Kleinkleckersdorf: In Berlin-Tegel nennt man die Siedlung »Am Steinberg« gern auch »Kleinkleckersdorf«. Der sprichwörtliche Ausdruck gilt im ganzen Osten und Nordosten Deutschlands als Synonym fürs Kleinstädtische und Provinzielle. Es handelt sich um einen erfundenen Ortsnamen.

Krähwinkel: Obwohl es so klingt, ist der Ortsname weder erfunden noch selten. Im Althochdeutschen hieß er »chrâwinchil«, was dasselbe bedeutete: entlegener, kleiner Ort, wo Krähen zu finden sind. Die Autoren Jean Paul und vor allem August von Kotzebue machten Krähwinkel dann sprichwörtlich, weil in dem Stück die Krähwinkler als Paradebeispiele für Provinzialität, Titelsucht, Kleinlichkeit u. Ä.

»»»

vorkamen. Danach schrieb man von »Krähwinkliaden«, dass »jemand ein Krähwinkler sei«, »aus Krähwinkel stamme«, dort daheim sei – bis hin zum Sprichwort: »Lieber der Erste in Krähwinkel als der Zweite in Rom.«

Kuhdorf/Kühdorf: Ein Dorf, in dem mehr Kühe als Menschen leben, hat man sich als Modell für einen Ort namens »Kuhdorf« vorzustellen. In Thüringen existiert allerdings tatsächlich Kühdorf in der Nähe von Greiz. Ob es dort mehr Kühe als Einwohner gibt – es müssten mehr als 61 sein –, ist zu bezweifeln.

Kuhschnappel: Jean Paul setzte neben Krähwinkel auch diesen Ort im Landkreis Zwickau auf die sprichwörtliche Landkarte. Zwar kannte auch sein Kollege Christoph Martin Wieland den Ortsnamen als Synonym für Provinzialität, aber erst ein erfolgreicher Roman Jean Pauls machte das allgemein bekannt. Sein Titel: »Blumen-, Frucht- und Dornenstücke oder Ehestand, Tod und Hochzeit des Armenadvokaten F. St. Siebenkäs im Reichsmarktflecken Kuhschnappel.« Alsbald fand sich Kuhschnappel selbst, aber auch »aus Kuhschnappel sein« oder »der Bürgermeister von Kuhschnappel sein« im Wörterbuch der Brüder Grimm oder bei Karl May, der sich dort sogar öfter aufhielt.

Pampa: Zuerst sprach man von den weiten Savannengebieten im Süden Südamerikas immer im Plural als »die Pampas«. Sie kamen in der Entdecker- und Abenteuerliteratur des 19. und 20. Jahrhunderts häufig vor. Und weil sie sehr dünn besiedelt, sehr fern und sehr exotisch für Deutsche waren, wurden sie (heute meist als »in der Pampa«) sprichwörtlich fürs Abgelegene.

Posemuckel/Pusemuckel/Hinterposemuckel: Die Orte Klein und Groß Posemuckel gibt es wirklich, ca. 75 Kilometer westlich von Posen (heute Poznan) im Kreis Bomst (heute Babimost) gelegen. Im 19. Jahrhundert wurden sie sprichwörtlich, vor allem wegen ihres lustigen Namens, und sind es – teils in Varianten – vor allem in Norddeutschland noch.

Walachei: Im Süden Rumäniens hat man das Gebiet zu suchen, das im Lauf der Geschichte seine Größe, seinen Status und seine Zugehörigkeit mehrfach wechselte. Es war längere Zeit das Fürstentum Walachei und liegt nördlich der Donau und südlich der Karpaten. Der Name hat mit dem alten Ausdruck »Welsche« u. Ä. für alles Romanische zu tun, der oft abschätzig verwendet wurde. In Österreich und im Süden Deutschlands ist die Walachei seit Langem sprichwörtlich, weil sie sich vergleichsweise weit weg befand und dünn besiedelt war.

ist, als man es gewöhnt ist. Da Buxtehude auch zu den Orten gehört, die für Märchenhaftes, Ausgedachtes, Bedeutungslosigkeit, Verächtliches, Entlegenheit, Provinzialität, Ungreifbarkeit stehen, könnte man hier an einen reinen Scherz denken. Schließlich lassen die Brüder Grimm das Rennen zwischen dem Hasen und dem Igel auch bei Buxtehude auf der Heide stattfinden.

Tatsächlich aber ist der Hintergrund dieser Redewendung noch nicht ganz geklärt. Bis heute behaupten Fremdenführer, Zeitungen und geschätzte Nachschlagewerke bis hin zu Wikipedia fälschlich, dass hinter dem Hund eigentlich der holländische Ausdruck »Hunte« für »Glocken« stehe, »bellen« »läuten« heiße und mit dem »Schwanz« das fransige Ende des Glockenseils gemeint sei.

Das klingt zu schön, um wahr zu sein, wie Artur Conrad Förste schon vor 40 Jahren feststellte. Schließlich gab es überall im Land, nicht nur in Buxtehude, Glocken, die mit Seilen geläutet wurden. Gegen die Erklärung spricht auch, dass die Holländer für »Glocke« »Klok« oder vielleicht noch »Bell« verwenden, nicht »Hunte«. Im Niederdeutschen heißt »läuten« bei Glocken außerdem nicht »bellen«, das höchstens »klingeln« bezeichnete, sondern »lüden/luiden« oder »luden«. Schließlich ist das Sprichwort wohl nur gut 100 Jahre alt.

Vielleicht hilft eine derbere Variante weiter. So erteilte man im 19. Jahrhundert in Schleswig-Holstein jemandem eine Abfuhr, indem man sagte: **»Gah he na Buxtehude, wo de Hunn mit'n Mors bellt.«**

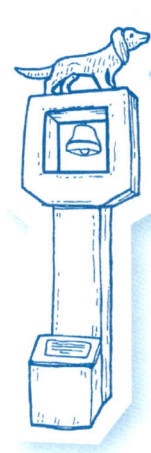

Also: »Geh er nach Buxtehude, wo der Hund mit dem Arsch bellt.« Diese Frechheit heißt erst einmal: »Hau ab, und zwar weit weg!« Buxtehude steht ja für Entlegenheit. Dann beschimpft man den anderen noch indirekt heftig, denn der solle sich dorthin gesellen, wo Hunde mit dem Arsch bellen, als wäre er ihr Artgenosse.

Nach ein bisschen Forschen kommt man darauf, dass es das Sprichwort auch für andere Orte gibt, die als entlegen oder provinziell gelten, wie beispielsweise schon vor 150 Jahren Blindischke (Kreis Goldapp), Nipperwiese (Kreis Greifenhagen), Pröbbernau (Danziger Nehrung), Stampelken (Kreis Wehlau, Ostpreußen), Purmelle (nahe Memel), schließlich noch Kraxtepellen nördlich von Palmicken, nahe Königsberg. Reinhard Dzingel zitiert das Sprichwort zu diesem Ort: **»Geh doch nach Kraxtepellen, wo die Hunde mit dem Zagel bellen.«** »Zagel« heißt einfach »Schwanz«.

In allen Fällen, die wohl noch vermehrt werden könnten, geht es einerseits um abgelegene Orte – oft kleine, teils mit lustigen Namen – und andererseits um das als unglaublich oder frech zu verstehende Bellen von Hunden mit dem Schwanz oder Arsch. Das kuriose Sprichwort ermöglicht es einfach, eine derbe Abfuhr in der Art von »Du redest Scheiße!« in abgeschwächter, heiterer Weise zu formulieren.

CALAU *siehe* **Kalau**

CASTROP-RAUXEL *siehe* »Sprichwörtlich provinzielle und spießige Orte«, S. 23

CHARLOTTENBURG

»einen Charlottenburger machen«

Bedeutung: die Nase mit Daumen und Zeigefinger ausschnäuzen
Hintergrund: Üblicherweise erklärt man die Redewendung mit den Gewohnheiten der Fuhrleute am Brandenburger Tor, die nach Charlottenburg fuhren und als sehr derb in ihren Umgangsformen galten. »Charlottenburger« nennt man allerdings auch das ungefähr 80 mal 80 Zentimeter große Tuch für die Habseligkeiten von Wandergesellen. Es könnte sein, dass man scherzhaft die Verwendung von zwei Fingern beim Schnäuzen statt eines großen Tuches »einen Charlottenburger machen« nannte.

DEUTSCHLAND

»Deutschland, Deutschland über alles«
»Denk ich an Deutschland in der Nacht ...«
»Armes Deutschland!«

Hintergrund und Bedeutung: Eigentlich seltsam, dass es keine alltäg-
lichen Deutschland-Sprichwörter gibt. Denkt man an unsere bewegte
Geschichte, verwundert es wieder nicht. Zwei der drei berühmtesten
Redewendungen gehören denn auch zu den am häufigsten tabuisierten,
missbrauchten und missverstandenen.

Das »Lied der Deutschen«, das August Heinrich Hoffmann von Fallers-
leben 1841 schrieb, diente keineswegs einer kritiklosen Erhöhung der
eigenen Nation, wie die ersten Wörter der ersten Strophe nahelegen. Es
handelt sich ja um einen Bedingungssatz, nicht um eine plumpe Aussage:

»Deutschland, Deutschland über alles,
Über alles in der Welt,
Wenn es stets zu Schutz und Trutze
Brüderlich zusammenhält.«

1841 beanspruchte Frankreich Gebiete am linken Rheinufer. Viele sogenannte Rheinlieder widersprachen dem vehement. In ihren Reigen
gehört auch »Das Lied der Deutschen«. Es stellt klar, dass Deutschland,
wenn es brüderlich zusammenhält, selbst von der ganzen Welt nicht
überwunden werden könne.

Im Lauf der Zeit missbrauchte man das eher anspruchslose Lied, das
durch die traditionsreiche Haydn-Melodie große Beliebtheit gewann,
immer wieder und bis heute. Seine Unschuld ging damit verloren. Und
nur deshalb kann **»Deutschland, Deutschland über alles«** kämpfe-
risch stolz von rechtsgerichteten und anklagend entsetzt von linksge-
richteten Menschen zitiert werden.

Ähnliches passierte mit der arg verkürzten Zeile **»Denk ich an
Deutschland in der Nacht«**, die manchmal immerhin noch weitergeführt wird mit **»dann bin ich um den Schlaf gebracht«**. Die Worte
stammen aus dem Gedicht »Nachtgedanken« von Heinrich Heine, das

nur drei Jahre später als »Das Lied der Deutschen« entstand. Unzählige Male zitierten es Linke, Rechte, Liberale und überhaupt alle, die sich Sorgen um Deutschland machten. Dabei geht es in dem Gedicht gar nicht um Schlaflosigkeit wegen nationaler Sorgen. Heine sorgt sich hier vielmehr um seine Mutter, die er zwölf Jahre nicht gesehen hat, und er betont die begründete Sorge um sie mit den Versen: »Das Vaterland wird nie verderben, / Jedoch die alte Frau kann sterben.«

»Ach, du armes Deutschland!« kann man da nur klagen, das derartig schlecht seine besten Dichter liest, sie gegen ihre Absicht zitiert und willkürlich missversteht. Die Herkunft dieses Stoßseufzers ist unbekannt, bekannt freilich ist, dass er – meist verkürzt zu **»Armes Deutschland!«** – zu den klagebereiten Deutschen gut zu passen scheint. Zum Glück hört man ihn auch oft in lustigen, ironischen und auch gänzlich harmlosen Zusammenhängen.

DONAU *siehe* »Das Modell ›Eulen nach Athen tragen‹«, S. 71

DORTMUND *siehe* »Das Modell ›Eulen nach Athen tragen‹«, S. 71

DRESDEN *siehe* **Basel**

DUMMSDORF UND ANDERE SPRECHENDE ORTE

In den meisten Ländern der Erde gibt es echte und erfundene Ortsnamen, die sprechend zu sein und etwas über den Charakter ihrer Einwohner zu sagen scheinen. Wer aus Dummsdorf kommt, der ist offensichtlich kein Schlauberger, um zwei der bekanntesten erfundenen Orte zu nennen. Hier folgt eine kleine Auswahl:

aus **Dummsdorf** sein = dumm sein (fiktiver Ort)

Greifswald *siehe* Schenkendorf

aus **Knipphausen** sein = geizig, knickerig sein (echter Ort)

aus **Laufenburg** sein = feige sein, gut davonlaufen können; vereinzelt auch »Durchfall haben« (echter Ort)

aus **Magdeburg** sein = unter dem Pantoffel stehen. Als Sprichwort: **»Wer zu Magdeburg will Bürger sein, muss der Frau gehorsam sein.«** Als würden in dieser Burg die Mägde, also Frauen herrschen. Auch: **»Er ist lieber in Magdeburg als in Fünfkirchen.«** Er treibt sich lieber mit Mägden herum, als in die Kirche zu gehen (echter Ort).

Er ist von **München** nach **Frauenhofen** gegangen = jemand hat den geistlichen Stand – die Bezeichnung »München« kommt ja von den Mönchen her – verlassen. Spöttisch wird hier der Wunsch nach Frauen als Grund dafür angedeutet (echter und fiktiver Ortsname).

aus **Reichenbach/Reichartshausen** u. Ä. sein = reich, wohlhabend sein (echte Orte)

aus **Ruhestetten** sein = faul sein, gern ruhen (echter Ort)

aus **Schaffhausen** sein = fleißig sein, viel schaffen im Sinne von »arbeiten« (echter Ort)

Er ist nicht aus **Schenkendorf**, sondern aus **Greifswald** = jemand ist nicht freigebig schenkend, sondern gierig greifend (echte Orte).

ein **Schlauberger** sein = schlau sein, auch: **»aus Schlauberg stammend«** (fiktiver Ort)

›››

aus **Schönhausen** sein = schön sein oder – ironisch gebraucht – hässlich sein; auch: **»Sie ist einmal in Schönhausen gewesen, aber es ist schon lange her.«** Auch in den Niederlanden: **»Zij is van Schoonhoven af gevaren, en te Seelijkendam aangekommen«** (echter und fiktiver Ort)

aus **Schwarzburg/Schwarzenberg** sein = ein Schmutzfink, Dreckspatz sein (echter und fiktiver Ort)

Vegesack fegt den Sack = Der Vorort Bremens war Vergnügungsviertel und bot Seeleuten reichlich Gelegenheit, arm zu werden.

auf der **Wartburg** sitzen/warten = (hoch-)schwanger sein und auf die Geburt warten, vulgärsprachlich auch für Prostituierte, die auf Freier warten. Früher war auch **»Jemand ist aus Wartenburg«** gebräuchlich, um Zauderer zu verspotten. Wartenburg war eine Stadt in Ostpreußen.

Noch ein paar **amerikanische Orte** gefällig? Als Arnold »Terminator« Schwarzenegger 2011 als Ehebrecher und Vater eines unehelichen Kindes entlarvt worden war, titelten Zeitungen: »It's **Splitville** for California's 1st Couple.« Das lässt sich schwer übersetzen. Vielleicht ginge: »Trennungsstadt steht an für Kaliforniens First Couple.« Sehr beliebt ist auch der Ort **Nerd City**, wo – klar – Nerds daheim sind. Mancher stöhnt in den USA: »Mein Büro ist Nerd City.« Man kann sogar von einem Typen behaupten **»He is Nerd City«** oder gar **»Nerd Central«**, so wie der Hauptbahnhof oder das Hauptklinikum einer Stadt. In alten deutschen Sprichwörtern taucht das ähnliche Schelmenhausen auf, in dem die Narren daheim sind. So hieß es: **»Mit dem Narrenschiff kommt man rasch nach Schelmenhausen.«** Vom amerikanischen Vizepräsidenten Joe Biden hieß es auch einmal, er sei **»the mayor of Stupidville«**, also »der Bürgermeister von Dummstadt«.

ECKERNFÖRDE

»Den Eckernfördern ist die Kunst gelungen, Silber zu Gold zu machen.«

Bedeutung: In Eckernförde sind die Fischräucherer sehr stolz auf ihre Kunst.

Hintergrund: Alchemisten versuchten über Jahrhunderte, aus unedlen Stoffen und Metallen Gold zu machen. Manche nutzten natürlich auch nur die Leichtgläubigkeit ihrer Auftraggeber aus und ließen sich ihre Tätigkeit hoch bezahlen, ehe sie in Nacht und Nebel verschwanden. So wurde »die Kunst, Gold zu machen« sprichwörtlich – einerseits als eine märchenhafte Gabe, andererseits als Ausdruck für Betrug.

Vor diesem Hintergrund erklärt sich das gut 100 Jahre alte Stadtsprichwort, das man immer wieder in Eckernförde hört und in vielen Publikationen liest, gern in Plattdeutsch-Versen: **»Wat plagt ji ju un quält ju af mit dusend lege Saken? In Eckernför dar hebbt wi't rut, ut Sülwer Gold to maken.«** Auf Hochdeutsch: **»Was plagt ihr euch und quält euch ab mit tausend schwierigen Sachen? In Eckernförde, da haben wir es raus, aus Silber Gold zu machen.«**

Aber wie geht das zu? Die vor Eckernförde zu findende Sprotte ist von Natur aus herrlich silberglänzend, räuchert man sie aber nach allen Regeln der Kunst, nimmt das Fischlein eine goldglänzende Farbe an. So stimmt das Sprichwort schon im wörtlichen Sinn. Im übertragenen Sinn gelang es den Eckernförder Räuchereien freilich auch, mit den silbernen Fischen viel Geld zu verdienen, sie also gleichsam zu Gold zu machen. Dass die Kieler Sprotte eigentlich eine Eckernförder Sprotte sei, behauptet man dort übrigens auch. Der früher übliche Bahnversand von Kiel aus mit einem Stempel von dort sei schuld an der irreführenden Bezeichnung. Das stimmt zwar nicht, weil man lange vor der Existenz jener Bahnlinie von Kieler Sprotten lesen kann, aber gut erfunden ist die Geschichte schon.

FORCHHEIM *siehe* **Basel**

FRANKFURT

siehe auch **Sachsenhausen**

> »Frankfurter Applaus«
>
> »Wie kann nor e Mensch net von Frankfort sei!«
>
> »Hinner der Wart hört die Welt uff.«
>
> »Frankfurt fährt selten aus, fährt's aber aus, dann vierspännig.«

Hintergrund und Bedeutung: Bis heute ist das Frankfurter Rotlicht- und Drogenviertel mitten in der Stadt eines der bekanntesten Deutschlands. Hier sieht man häufig, wie sich Menschen mit zwei Fingern in die bloße Armbeuge klopfen, um Adern hervorzulocken – für den Schuss, also eine Injektion Heroin o. Ä. In der Szene und weit über die Stadt hinaus nennt man das den **Frankfurter Applaus**.

Seltsam, aber sonst gibt es zu Frankfurt kaum Sprichwörtliches, das sich in ganz Deutschland verbreitet hat. Dabei ist die Stadt seit dem Mittelalter von großer Bedeutung und dazu Geburtsstadt unseres berühmtesten Dichters, Johann Wolfgang von Goethe. Das führte immerhin zu einem bemerkenswerten Lokalstolz, der sich in zumindest bekannteren geflügelten Worten niederschlägt. **»Un es will merr net in mein Kopp enei: Wie kann nor e Mensch net von Frankfort sei!«** Das hört man auch noch heute oft, freilich in weniger starker Dialektfärbung und immer wieder nur die zweite Hälfte. Dabei ist das Zitat schon seit 1880 bekannt, als Friedrich Stoltze das Begrüßungsgedicht »Frankfurt« für die Teilnehmer des Deutschen Turnfests in Frankfurt schrieb. Wahrscheinlich überlebte es, weil es von sympathischer Selbstironie geprägt ist. Ähnliches gilt für **»Hinner der Wart hört die Welt uff«**. Welcher der Frankfurter Stadttortürme damit gemeint war, ob die Bockenheimer Warte oder die Friedberger Warte, ist nicht zu sagen, aber auch hier ironisiert man Heimatstolz und eine gewisse Engstirnigkeit.

Beides schloss eine gehörige Großzügigkeit anderen Städten gegenüber nicht aus, wie es ein hie und da noch zu hörendes und altehrwürdiges Sprichwort ausdrückt, mit dem man großzügige Gesten begleitet. Im leichten Dialekt sagt man etwa: **»Frankfurt fährt selte aus,**

fährt's awwer aus, so fährt's vierspännig.« Es handelt sich um einen Ausspruch von Maximilian Reinganum von 1842. Damals zerstörte ein Brand weite Teile Hamburgs, und die Stadt Frankfurt wollte ihrer Schwesterstadt 2500 Gulden schenken. Reinganum fand das unwürdig wenig und drückte das in seinem Spruch aus. Die Ratsherren beeindruckte er damit so sehr, dass die Summe vervierzigfacht wurde: auf glatte 100 000 Gulden.

GELSENKIRCHEN

»Gelsenkirchener Barock«

Bedeutung: ursprünglich nur für billige, überladene, protzige Möbel verwendet, die handwerkliche Gediegenheit vortäuschen, vor allem im Arbeitermilieu, später auch für andere kitschige, überladene, übertriebene, lächerliche, spießige, unmodern gewordene Gegenstände aller Art
Hintergrund: Schon der Ausdruck »Barock« selbst ist ein oft abschätzig verwendeter Begriff, der vielen für alles besonders Überladene und Theatralische steht. Dabei zeichnet sich die Epoche des Barock zweifellos durch hochintelligente und außergewöhnlich fähige Künstler aus. Die Umgangssprache scherte sich nicht darum und spricht angesichts fülliger Frauen oder breiter Autos mit vielerlei Zierrat gern von »barocken Formen«.

So lag es nahe, den Ausdruck **»Gelsenkirchener Barock«** als noch abschätzigeren Begriff zu entwickeln. Das geschah nach 1933. Damals spottete man über günstig, weil industriell gefertigte Möbel im Retrostil mit bauchigen, ausladenden Formen, die sich angeblich sogar die langsam besser verdienenden Arbeiter im Ruhrgebiet leisten konnten. Es ging vor allem um Küchenschränke mit Vitrinenaufsätzen oder Schränke für die gute Stube, mit denen ein Anschein von Bürgerlichkeit erweckt wurde. Die Bürger waren es denn auch, die sich mit der Redensart über diese proletarische Nachahmung lustig machten.

Warum man von Gelsenkirchener, nicht von Essener Barock sprach? Ganz sicher ge-

klärt ist das nicht. Freilich, die Stadt stand schon damals sprichwörtlich für das moderne und aufstrebende Ruhrgebiet insgesamt und galt
als »Stadt der 1000 Feuer« der Stahl- und Kohleindustrie. Außerdem
war ihr Name beliebt, um sich über die dortige Aussprache des Deutschen lustig zu machen, wenn man übertrieben gedehnt »Gelsen-
kiächen« oder ähnlich sagte. Noch wichtiger war aber sicher, dass industriell gefertigte Möbelstücke – ähnlich wie heute in einem schwedischen
Möbelhaus – schon in den Dreißigern und dann in den Fünfzigern nach
Städten genannt wurden, unter denen sich auch Gelsenkirchen fand.
Für die Arbeiterschaft machte der Name den Besitz dieses Möbelstücks
erstrebenswert, für das Bürgertum klang er lächerlich. Spätestens in
den Fünfzigern dann kannte man den Ausdruck »Gelsenkirchener
Barock« überall in der Umgangssprache und verwendete ihn ironisch
in den Medien.

Heute spielt Gelsenkirchen souverän mit dem Spott und widmete dem
Phänomen sogar 1991 eine kluge Ausstellung, die bundesweit für Auf-
sehen und sehr gute Presse sorgte.

HAMBURG *siehe* »Weitere sprichwörtliche Gefängnisse«, S. 13,
Blocksberg sowie »Internationale Ortssprichwörter und -redewendun-
gen«, S. 138

HAMELN

»ein Rattenfänger von Hameln sein«, so »pfeifen«, »handeln« etc.

Bedeutung: ein Verführer sein, ein Manipulator, vor dem man sich in
Acht nehmen muss
Hintergrund: Schon seit 1284 lassen sich Geschichten um einen Pfeifer
und die Stadt Hameln an der Weser nachweisen. Weltweit bekannt und
literarisch am erfolgreichsten sind die Versionen, in denen der Pfeifer
ein Rattenfänger ist, der mithilfe seiner bezaubernden Flötentöne erst
die Ratten in den Fluss zum Ersaufen führt, dann mit demselben Mittel,
als er nicht den versprochenen Lohn erhält, die Kinder der Stadt in einen
nahen Berg hinein- und auf Nimmerwiedersehen entführt.

Spätestens im 19. Jahrhundert verwendete man den Hamelner Rattenfänger im sprichwörtlichen Sinne, wenn es in der »Schlesischen Zeitung« heißt, hinter einem herziehen **»wie die Kinder hinter dem Rattenfänger von Hameln«** oder im »Deutschen Sprichwörter-Lexikon« von Wander (1867–80): **»Er ist ein schlauer Rattenfänger von Hameln.«**

In ungezählten Geschichten, Bildern und Karikaturen lebt die Figur weiter und in der Redewendung, wenn man vor gefährlichen und manipulativen Leuten warnt. Natürlich spielt auch der alte Ausdruck **»nach jemandes Pfeife tanzen müssen«** in die Redewendung hinein.

HEIDELBERG

»so groß wie das Heidelberger Fass«
»Ich hab mein Herz in Heidelberg verloren.«

Hintergrund und Bedeutung: Gigantomanie ist nichts Neues, sie scheint zum Menschen dazuzugehören. Und auch der Tourismus ist älter, als mancher denkt. In einer Mischung aus Reiseführer, Bildband und Loblied auf Deutschland berichtet Matthäus Merian etwa 1672 in seiner »Topographia Germaniae« von einer Sehenswürdigkeit im Heidelberger Schloss, einem überaus gewaltigen Fass aus dem Jahr 1591: »Zu dem erwähnten Fass ist eine Stiege von 27 Staffeln und alsdann ein kleines Brücklein hinaufzugehen. Es sollen zu den 24 großen eisernen Reifen, die herum sein, 122 Zentner Eisen sein gebraucht worden. Und fasset solches 132 Fuder, 3 Ohmen und ein Viertel … Und ist solches so hoch, dass einer mit einem Rennspieß aufrecht darin stehen könnte.«

Ein Rennspieß, das war eine Stich- oder Stoßlanze, die drei bis fünf Meter lang war. Was Merian gegen Ende des 17. Jahrhunderts beschrieb, war aber nur das erste in einer Reihe von Prunk-, um nicht Angeberfässern zu schreiben. War das erste noch gute Küfnerarbeit, so zimmerte man 1751 das – je nach Zählung – dritte oder vierte und größte, das von Kurfürst Karl Theodor in Auftrag gegeben wurde und unglaubliche 221 726 Liter fassen sollte. »Sollte« darf man betonen, denn es hielt nie richtig dicht. Dafür kann man es noch heute besichtigen.

Autoren des In- und Auslands schrieben über den monströsen Weinbehälter im Heidelberger Schlosskeller, darunter Heinrich Heine, Wilhelm Busch, Herman Melville, Mark Twain oder Jules Verne. Und nicht nur in Deutschland, sondern auch in Holland kennt man das »Heidelberger Fass« sprichwörtlich, um eine besondere enorme Größe zu bezeichnen.

PS: Das unvergessliche Weinfass passt ausgezeichnet zu einem Schlager, dessen erste Refrainzeile schon in den Zwanzigern des letzten Jahrhunderts zu einem geflügelten Wort wurde: **»Ich hab mein Herz in Heidelberg verloren.«** In dem Schlager geht es nämlich um Alt-Heidelberg, und es geht um »Leichtsinn, Wein und Glück«.

HINTERTUPFING *siehe* »Sprichwörtlich provinzielle und spießige Orte«, S. 23

HINTERWALD *siehe* »Sprichwörtlich provinzielle und spießige Orte«, S. 23

HORNBERG

»Etwas geht aus wie das Hornberger Schießen.«

Bedeutung: Etwas beginnt mit viel Aufwand, Getöse und Rummel, aber am Ende kommt nichts dabei heraus.

Hintergrund: Was tun, wenn man landesweit und seit Jahrhunderten verspottet und verlacht wird? Man lacht mit und schlägt daraus noch Kapital. So weise handelt die Stadt Hornberg im mittleren Schwarzwald. Ihre gut 4000 Einwohner führen seit sechs Jahrzehnten mit Spieleifer, Humor und Selbstironie in einem Freiluftspektakel vor, wie dumm sich die Hornberger einmal aufgeführt haben sollen. Wann das genau geschah? Das ist so wenig sicher wie der Ort selbst, denn sechs Hornbergs gibt es allein in Baden-Württemberg, in ganz Deutschland noch weitere. Die Stadt im Schwarzwald wird allerdings schon seit langer Zeit mit der Redewendung verbunden.

Was wirklich hinter dem Hornberger Schießen steckt? Zur Erklärung gibt es mindestens drei Grundgeschichten, die wiederum in vielen Varianten vorliegen. Die bekannteste berichtet vom bevorstehenden Besuch eines Herzogs, vielleicht im Jahr 1564. Den wollten die Hornberger mit Pomp und Böllerschüssen begrüßen. Als sich eine Menge Reiter dem Ort näherte, schoss man fleißig Salut. Doch es war nur die Vorhut des Herzogszuges. Als eine Weile später der hohe Herr selbst kam, war das Pulver verschossen. Eine Blamage! In einer spöttischen Ergänzung heißt es, die Bewohner hätten für den Herzog gleichwohl ein Spalier gebildet und ihn in Ermangelung von Pulver mit »Piff« und »Paff« und anderen Schuss-nachahmenden Rufen empfangen. In dem spektakulären Drama von Erwin Leisinger, das die Hornberger jährlich aufführen, passiert das vorzeitige falsche Salutschießen sogar dreimal.

Die zweite Variante erzählt von einem Schützenfest in Hornberg, vielleicht im Jahr 1667, zu dem man die Einwohner anderer Orte eingeladen hatte. Üblicherweise hätte der Einladende das Pulver stellen müssen, doch die Hornberger hatten das Pulver vergessen. So sei das Hornberger Schießen vor dem Beginn zu einem Ende gekommen. In einer schön ausgeschmückten Variante heißt es, man habe vor einem Hornberger Preisschießen so viel Wein getrunken, dass niemand die Scheibe getroffen habe.

Die dritte Variante erzählt von einem Angriff durch die Stadt Villingen im 16. Jahrhundert, bei dem die Verteidiger Hornbergs wie wild aus allen Rohren gefeuert, aber so schlecht gezielt hätten, dass nur zwei Schüsse in der Nähe der Angreifer gelandet seien. Ohne Pulver hätten die Hornberger kapitulieren müssen.

Leider ist keine dieser Begebenheiten in Beziehung mit der Redewendung belegt. Wahrscheinlich beeinflussen sich die Redewendung und die Geschichten seit langer Zeit gegenseitig. Sicher weiß man, dass spätestens im 18. Jahrhundert vom Hornberger Schießen gern und überall gesprochen und geschrieben wurde. Sogar in Friedrich Schillers erstem Drama »Die Räuber« kommt es vor. Wegen eines Streiches soll Karl Moor von Magistrat und Bürgerschaft der Stadt L. attackiert werden, doch hat er so viele Verteidiger, dass sein Kamerad Spiegelberg kommentiert: »Da gings aus wie's Schießen zu Hornberg, und mussten abziehen mit langer Nase.«

KALAU

»einen Kalauer reißen«

Bedeutung: einen eher anspruchslosen Wortwitz, einen faulen, flachen Witz machen

Hintergrund: Wer aus Kalau stammt, hat es überall in Deutschland schwer, besonders aber in der Hauptstadt. Der Berliner nämlich nimmt kaum jemanden ernst, nicht einmal sich selbst. Und erwähnt jemand Kalau in der Niederlausitz als Herkunftsort, hat er kaum eine Chance, ohne Witzeleien davonzukommen.

Da helfen Erklärungen der Kalauer gar nichts, so wahr sie auch sind. Die Bezeichnung für schale Scherze, oft wortspielerischer Natur, kommt ja ursprünglich aus dem Französischen. Dort heißt »calembour« wohl schon seit dem 17. Jahrhundert so viel wie »geistreiche Bemerkung«, »Wortspiel mit ähnlichen Wörtern«, aber auch »Witzelei«. Das Wort verbreitete sich gleichlautend ins Englische und als »calambur« ins Spanische, Rumänische und Russische.

In Deutschland kannten die französisch sprechenden Eliten des 17. Jahrhunderts den Ausdruck ebenfalls. Als nun vor allem in Berlin französische Ausdrücke der dorthin geflohenen Hugenotten gern durch den Fleischwolf der Umgangssprache gedreht wurden, verhackstückte man auch gleich das geziert klingende »calembour« zu »Kalambauer«. Das klang ein wenig so wie Kalau, und da in diesem Landstädtchen niemand so witzig sein konnte wie ein Berliner, verwendete man bald den Ausdruck »einen Kalauer reißen«, um schlichte Witze zu charakterisieren.

Die Geschichte von einem Witzblatt-Redakteur aus Kalau, der zwar sehr viele, dafür nur mäßig lustige oder gewitzte Beiträge an die Redaktion geschickt habe, ist nur ein nachträglich erfundener Kalauer.

KASSEL

»Ab nach Kassel!«

Bedeutung: Abmarsch (ins Bett)! Hau ab! Los geht's!
Hintergrund: Befehlston. Unverkennbar. Als stünde hinter jedem
Wort der Redensart ein Ausrufezeichen: »Ab! Nach! Kassel!« Dreimal
ein A in den betonten Silben verstärkt die Wirkung noch. Kein Wunder,
stammt die Formel doch von Journalisten, die sie als wirksame Unter-
zeile im Jahr 1870 für eine berühmte Karikatur verwendeten.

»Halt, halt!«, werden Kundige rufen und einwenden: »Es ging doch um
die Sammelstelle Kassel für Soldaten, die der hessische Landesraben-
vater ab 1776 an England verkaufte. Die Hessen mussten dann in den
nordamerikanischen Kolonien gegen die Aufständischen kämpfen.«
Wer als militärische Ware zu einer Sammelstelle in Hessen musste,
fuhr anschließend so weit in die Welt, dass man ihn selten wiedersah.
So scheint die Redensart einer noch bekannteren zu gleichen: **»Geh
dorthin, wo der Pfeffer wächst!«** Beide bedeuteten also: »Hau ab, am
besten auf Nimmerwiedersehen!«

Die Sammelstellen-Erklärung ist allerdings falsch. Was spricht dagegen? Kleinere Kasernen im Norden des Landes und nicht Kassel dienten
als Sammelstellen für die übrigens teils durchaus freiwillig in den Krieg
Ziehenden. Vor allem aber ist **»Ab nach Kassel!«** vor 1870 nicht belegt.

Dass die wahre Erklärung weniger bekannt ist, hängt auch damit zusammen, dass man den deutsch-französischen Krieg von 1870/71 hierzulande
kaum thematisiert und schon gar nicht mehr glorifiziert. Damals entstand
die Redensart nämlich. Sie macht sich über Napoleon III., Kaiser der Franzosen, lustig. Der war nach der Schlacht von Sedan am 1. September 1870
gefangen genommen und anschließend von preußischen Soldaten zu seinem ehrenvollen Gefängnisort Schloss Kassel-Wilhelmshöhe transportiert
worden. Schon in Aachen, heißt es, habe man den Zug mit höhnischen
Rufen »Ab nach Kassel!« empfangen. Belegbar ist eine außergewöhnlich
beliebte Karikatur, die den geschlagenen Kaiser auf dem Marsch zeigt.
Flankierend stehen stolz die Sieger Moltke und Bismarck neben ihm, und
der Reichskanzler zeigt herrisch die Richtung an. Am Wegesrand sieht
man eine Tafel mit der Aufschrift »Cassel«, der über Jahrhunderte üblichen
Schreibweise der Stadt. Um den Spott noch dem Dümmsten deutlich zu

machen, liest man unter der Karikatur die Textzeile »Ab nach Cassel!«. In dem gewaltigen nationalen Rausch nach dem Sieg machten Karikatur und Spruch rasch die Runde im Reich. Wie oft emanzipierte sich die Redewendung ebenso rasch von ihrer historischen Quelle und konnte bald in der Familie genau wie im Parlament oder am Stammtisch verwendet werden – und heute sogar als Slogan für Kassel selbst.

KLEINKLECKERSDORF *siehe* »Sprichwörtlich provinzielle und spießige Orte«, S. 23

KNIPPHAUSEN *siehe* »Dummsdorf und andere sprechende Orte«, S. 29

KÖLN

> »Kölle alaaaf!«
>
> »Das haben die Kölner Heinzelmännchen gemacht.«
>
> »Der glaubt wohl noch an die Heinzelmännchen!«
>
> »der Heinzelmännchen-Effekt«
>
> »Der Kölner Dom wurde auch nicht an einem Tag gebaut.«
>
> »Er war in Köln und hat den Dom nicht gesehen.«
>
> »Da machen sie in Köln kein Fenster für auf.«
>
> »ausgerechnet wie die 11000 Jungfrauen zu Köln«
>
> »Der Kölner kommt mit 'ner vier minus in den Himmel.«
>
> »Kölscher/Kölner Wisch/Pfusch«

Hintergrund und Bedeutung: Seit der Römerzeit bedeutend, hat sich Köln im Sprichwortgebrauch der deutschen Alltagssprache erstaunlich wenig eingebürgert. Man kennt und verwendet den fröhlichen Karnevalsruf **»Kölle alaaf!«** durchaus, der einfach »Köln vor allem anderen« bedeutet, und man hört in verschiedenen Varianten **»Das haben wohl die**

Kölner Heinzelmännchen gemacht«. Bei den wundersamen Wichteln, die im Haushalt sehr hilfreich sind, lässt man freilich die Ortsbezeichnung immer wieder auch weg. Sie wurden durch die Ballade August Kopischs von 1836 berühmt, und viele kennen die Anfangsworte: »Wie war zu Köln es doch vordem mit Heinzelmännchen so bequem!« Bis heute kommentiert man Naivität gern mit der Redensart **»Der glaubt wohl noch an die Heinzelmännchen!«** In der Werbung und im Alltag begegnet man auch dem sprichwörtlichen **»Heinzelmännchen-Effekt«**, wenn sich etwas sehr leicht oder geradezu wie von selbst erledigt.

Als berühmte Königsstadt mit nicht minder berühmtem Dom übertrug man Rom-Redewendungen hierher und sagt: **»Köln / der Kölner Dom wurde auch nicht an einem Tag erbaut.«** Oder: **»Er war in Köln und hat den Dom nicht gesehen.«**

In Köln selbst und dem Kölner Umland gibt es viel Redensartliches zu der Stadt am Rhein. So heißt es häufig abschätzig über etwas Uninteressantes oder Überflüssiges, gern auch im Dialekt: **»Da machen sie in Köln kein Fenster für auf.«** Wenn einem Rheinländer etwas widerfährt und er **»Ausgerechnet!«** ruft, dann folgt von ihm selbst oder Umstehenden gern der Nachsatz: **»... wie die 11 000 Jungfrauen«**. Diese Märtyrerinnen-Schar unter Leitung der heiligen Ursula ist in Köln und Umgebung sehr populär. Dass es sich wahrscheinlich nur um elf handelte und ein Lesefehler zur Vertausendfachung führte, ist eine kuriose Geschichte. Der Kölner sieht so etwas nicht so eng, und weil er fünfe gerade sein lässt und zu leben versteht, heißt es über ihn oder von ihm selbst: **»Der Kölner kommt mit 'ner vier minus in den Himmel.«** Als Gernlebender sündigt man zwar schon, aber eben gerade nur so viel, dass es für die Versetzung in den Himmel noch ausreicht.

Die sympathische Lebenseinstellung findet sich auch im Bereich der Hygiene. In Köln und Umgebung bis mindestens Mönchengladbach sagt man zu einer flüchtigen, oberflächlichen Reinigung von Körper (Katzenwäsche) oder Wohnung (mit »runden«, also ausgesparten Ecken) **»den Kölschen Wisch machen«**. Eine überzeugende Erklärung fand sich dazu nicht, denn dass im Bereich der Kölner Krankenpflege bei Zeitmangel Patienten nur sehr grob gewaschen worden seien und sich dieser Umstand in der Umgebung verbreitet habe, klingt unwahrscheinlich und erfunden. Vielleicht handelt es sich eher um eine ironische Wendung, denn die Kölner waren eher für ihre penible Reinlichkeit bekannt.

KÖPENICK

»eine Köpenickiade veranstalten / den Hauptmann von Köpenick spielen«

Bedeutung: einen hochstaplerischen Streich spielen, eine lustige Hochstapelei begehen

Hintergrund: Einem Schuster gelang es, den Berliner Stadtteil Köpenick auf die Landkarte der Deutschen zu bringen und sprichwörtlich zu machen. Wilhelm Voigt kam nach einigen Vorstrafen und einer Zeit im Gefängnis auf die geniale Idee, das Rathaus in Köpenick auszunehmen. Am 16.10.1906 war es so weit. Er besorgte sich eine gebrauchte Hauptmannsuniform. Im militärisch geprägten Preußen hatte er damit genügend Autorität, um zufällig vorbeikommende Soldaten unter sein Kommando zu nehmen und im Rathaus Köpenick einzumarschieren. Er berief sich dort auf Sondervollmachten, setzte alle Beamten unter Arrest und leerte die Stadtkasse. Anschließend setzte er sich ab. Zwar fing man ihn nach kurzer Zeit wieder ein, doch die Presse machte sich über den Fall deutschlandweit lustig. **»Köpenickiade«** und **»den Hauptmann von Köpenick spielen«** wurde sprichwörtlich für Streiche, die gewitzte und dreiste Menschen den Autoritäten spielen.

Die extrem erfolgreiche, immer wieder verfilmte Komödie Carl Zuckmayers »Der Hauptmann von Köpenick« sorgte seit 1931 dafür, dass sich die Ausdrücke bis heute im Alltag variantenreich halten und verstanden werden.

KOSTNITZ *siehe* »Dummsdorf und andere sprechende Orte«, S. 29

KRÄHWINKEL *siehe* »Sprichwörtlich provinzielle und spießige Orte«, S. 23

KREFELD *siehe* »Das Modell ›Eulen nach Athen tragen‹«, S. 71

KUHSCHNAPPEL *siehe* »Sprichwörtlich provinzielle und spießige Orte«, S. 23

KÜSNACHT/KÜSSNACHT

»Durch diese hohle Gasse muss er kommen,
es führt kein andrer Weg nach Küßnacht.«

Bedeutung: Es gibt keine Alternative, eine Sache ist klar, ohne Ausweg, jemand ist durchschaut, man hat sich erfolgreich auf etwas vorbereitet.

Hintergrund: Neben Goethes »Faust« ist wohl Schillers »Wilhelm Tell« das Drama mit den meisten geflügelten Worten, und unter diesen ist wiederum »Durch diese hohle Gasse muss er kommen (es führt kein andrer Weg nach Küsnacht)« eines der beliebtesten und bekanntesten. Es entstammt dem Monolog des Titelhelden, der sich – ein Höhepunkt des Dramas – auf den Tyrannenmord am Landvogt Gessler vorbereitet. Die Worte Tells, mit denen er sich selbst die Argumente für die Tat darlegt, mussten Generationen von Schülern auswendig lernen, und schon dadurch wurden Teile daraus sprichwörtlich, vor allem »Mach deine Rechnung mit dem Himmel, Vogt«, dann »die Milch der frommen Denkart«, »Es kann der Frömmste nicht in Frieden bleiben (oft »leben« zitiert), wenn es dem bösen Nachbarn nicht gefällt«, »Das ist (oft »war« zitiert) des Tells Geschoss« und »Rasch tritt der Tod den Menschen an.«

So machte Schiller den Schweizer Ort Küßnacht, heute Küsnacht geschrieben, am Rigi im Kanton Schwyz am Vierwaldstätter See unsterblich. Und auch wenn die Geschichten um Wilhelm Tell nur sagenhaft sind, gelten sie den Eidgenossen doch als national bedeutsam. Gleichwohl wollte man 1934 die berühmte Hohle Gasse, eigentlich einen Hohlweg, dem zunehmenden Straßenverkehr opfern. Die Schweizer Schuljugend legte darauf zusammen und kaufte den Ort, um ihn der Nachwelt zu erhalten. 1937 baute man eine Umgehungsstraße und ließ die Hohle Gasse in Frieden. Wer heute nach Küsnacht fährt, kann sie samt Tellskapelle von 1638 noch immer besichtigen.

LAUFENBURG *siehe* »Dummsdorf und andere sprechende Orte«, S. 29

LEIPZIG

>»Wenn Leipzig mein wär', wollt' ich's in Freiberg verzehren.«
>»Das ist das reinste Leipziger Allerlei.«
>»Mein Leipzig lob ich mir, es ist ein klein Paris.«

Hintergrund und Bedeutung: Die sächsische Stadt besaß lange schon große Bedeutung als Handelsplatz, als Drucker- und Buch- sowie überhaupt als Messestadt. Reich an handwerklichen Betrieben und produzierendem Gewerbe besaß Leipzig den Ruf, eher wohlhabend und geschäftig als schön zu sein. Darin glich es Nürnberg. Von beiden Städten sagte man deshalb in der Frühen Neuzeit etwas Ähnliches: **»Wenn Leipzig mein wär', wollt' ich's in Freiberg verzehren.«** Und: **»Wenn Nürnberg mein wär', wollt' ich's in Bamberg verzehren.«** Freiberg wie Bamberg waren bekannt für ihre beeindruckenden Kirchenbauten und eine angenehme Lebensart.

Viel bekannter ist das **Leipziger Allerlei**, das immer wieder auch als Redensart für ein Durcheinander zu hören ist und als Gericht ja wirklich aus einer Mischung jungen Gemüses besteht, meist Erbsen, Möhrchen, Spargel, vielleicht auch Blumenkohlröschen. Schon 1745 findet man ein Rezept im »Leipziger Kochbuch« Susanna Egers, und dieses Leipziger Allerlei klingt wesentlich appetitlicher als das heutige, häufig lieblos zerkochte Gemansche. Damals garte man das junge Gemüse in einer hellen Soße, tat Lorcheln hinein, die später durch Morcheln ersetzt wurden, und vor allem gaben Flusskrebse dem Ganzen einen feinen Geschmack, schon in der Soße und dann noch die Schwänzchen am Schluss; mit Semmelknödeln serviert, ein Allerlei und Durcheinander durchaus, aber vor allem ein Hochgenuss. Der kulinarische Abstieg führte vielleicht auch zur abschätzigen redensartlichen Verwendung.

Leipziger Allerlei ließ sich Goethe als Student in Leipzig sicher schmecken, denn es handelte sich um ein günstiges Gericht, dessen Zutaten in Hülle und Fülle vorhanden waren. Die bedeutende Universität der Stadt hielt lange Zeit den Spitzenrang in Deutschland und wurde als Athen an der Pleiße oder Pleiße-Athen bezeichnet. Kein Wunder, dass sich Goethe im »Faust«-Drama daran erinnerte und in einer Szene in »Auerbachs Keller« die Studenten bei einem lustigen Zechgelage über ihr Städtchen sprechen lässt. Der eine mit Namen Frosch sagt dort den Satz, der zum geflügelten Wort wurde: **»Mein Leipzig lob ich mir! / Es ist ein klein Paris und bildet seine Leute.«** Stadtführer, Stadtobere und Stadtliebende werden nicht müde, ihn als ein höchstes Lob des klassischen Autors zu verstehen. Dabei vergessen die meisten, dass Goethe (nämlich 1740) die Worte von einem Suffkopf grölen lässt, der sie darüber hinaus wohl auch ironisch meint. Deutlich vor Goethe, nämlich 1740, ist die Idee, Leipzig mit Paris in Bezug zu setzen, schon in Christian Gottlob Kändlers »Gepriesenes Andenken von Erfindung der Buchdruckerey« zu lesen: »Er denkt zum Schluß: Paris zu sehen, / Allein er sieht Leipzig stehn.«

LÜBECK *siehe* **Bremen**

MAGDEBURG *siehe* »Dummsdorf und andere sprechende Orte«, S. 29

MAINZ

»Du glaubst wohl an die Mainzelmännchen!«
»der Mainzelmännchen-Effekt«
»Er ist in Mainz gewesen und hat nicht läuten hören.«

Hintergrund und Bedeutung: In der Gründungsphase des ZDF sprach man von deren Mitarbeitern ironisch als »Mainzelmännchen«, weil sie so fleißig werkelten wie die Heinzelmännchen und Mainz der Standort des Senders werden sollte. Als 1963 lustige Trickfilme als Trenner zwischen Programm und Werbung bzw. einzelnen Werbespots benötigt wurden, kam Wolf Gerlach auf die Idee mit den fünf

Mainzelmännchen. Sie sind untrennbar mit dem Sender und der Stadt verbunden und sehr populär, sodass sie nicht selten mit ihren Ahnen, den Heinzelmännchen (*siehe* Köln), gleichgesetzt oder verwechselt werden – auch im Bereich des Sprichwörtlichen. So hört man **»Du glaubst wohl an die Mainzelmännchen!«** oder auch vom **»Mainzelmännchen-Effekt«**. Der zweite Ausdruck bezeichnet freilich nicht nur den Umstand, dass sich etwas wie von selbst erledigt, sondern in der Werbebranche auch die Gefahr, dass beliebte Trenner-Filme wie eben die der Mainzelmännchen die Aufmerksamkeit der Zuschauer von der Werbung ablenken, ihre Wirkung schmälern oder gar überdecken. Ob das zutrifft, konnte weder endgültig bewiesen noch widerlegt werden.

Die sehr alte und seit Jahrhunderten für die Geschichte Deutschlands bedeutende Bischofsstadt Mainz ist sonst kaum in Redensarten bekannt. Ab und zu sagt man im Pfälzischen noch zu jemandem, der etwas Offensichtliches übersieht oder etwas sehr Erwartbares nicht getan hat: **»Er ist in Mainz gewesen und hat nicht läuten hören.«**

MEIßEN

»dastehen/schauen wie der dumme Junge von Meißen«

Bedeutung: dämlich, ratlos, lächerlich dastehen, schauen
Hintergrund: Mit gewisser Wahrscheinlichkeit ist die Redewendung, die im Osten Deutschlands häufiger zu hören ist, schon sehr alt, viel älter als die angeblich alles erklärende Schnurre vom Gänsejungen, die man in Meißen und Umgebung häufig bildlich dargestellt sieht und die erst nachträglich als Erklärung für die Redensart erfunden wurde: Der Junge habe, so heißt es, die Gänse hüten müssen, als der Kurfürst nach Meißen gekommen sei. Um seine Aufgabe zu erledigen und gleichwohl den prächtigen Einzug sehen zu können, habe er die Gänse mit dem Kopf nach oben in seinen Ledergürtel gehängt und sei in die Stadt gelaufen. Als der Zug vorüber war, sah er nach den Gänsen. Die waren tot ... und der Gänsejunge stand dumm da.

In der Porzellanmanufaktur Meißen ist noch ein anderer Erklärungs-ansatz zu finden. Dort wurde in einem Kabinett eine Porzellanfigur ge-zeigt, die man »dummer Junge von Meißen« nannte. Trat ein Besucher näher an sie heran, löste er einen geheimen Mechanismus aus, und die Figur zeigte ihm ihre Zunge.

Sehr viel wahrscheinlicher geht die Redensart aber auf die jüdischen Einwohner der Stadt zurück. Die verwendeten bereits im hohen Mittel-alter den Ausdruck »ein Weiser von Meißen sein« als hohes Lob, schließ-lich befand sich hier der damals größte Sanhedrin Deutschlands, eine überaus bedeutende weltlich-religiöse Instanz, deren Entscheidungen bindend waren. Seit 1349 findet sich im Wappen der Markgrafen von Meißen u. a. ein Judenkopf, weil jene damals mit dem Judenschutz be-lehnt wurden. Der Kopf auf dem Wappen trug die einst vorgeschriebene Kopfbedeckung der Juden. Als Spott oder aus Unwissen interpretierte man diese als Narrenhut und den Mann als Narren. Kein Wunder, dass man – zumal es ja das jüdische Lob »Weiser von Meißen« schon gab – vom »dummen Jungen von Meißen« sprach.

MÜNCHEN

siehe auch »Dummsdorf und andere sprechende Orte«, S. 29, und »Das Modell ›Eulen nach Athen tragen‹«, S. 71

> »ein (echtes) Münchner Kindl sein«
> »In München steht ein Hofbräuhaus.«
> »München leuchtete.«

Hintergrund und Bedeutung: Wer in München geboren ist, bezeich-net sich selbst und wird vor allem von anderen bezeichnet als **»Münch-ner Kindl«**, manchmal noch mit dem Qualitätsadjektiv **»echtes«**. Die Folge? Augenzwinkern, Bewunderungsworte, Lächeln, jedenfalls durchweg positive Reaktionen. Dabei geht die sprichwörtliche Redewen-dung auf das Stadtwappen zurück, das ursprünglich wohl einen Mönch zeigte, der spätestens seit dem 16. Jahrhundert immer weiter verändert wurde, bis er vor gut 150 Jahren zu einem Kind, ab 1920 zu einem Mädchen umgedeutet wurde und seit den 1930ern auch in Person auftritt. Die Sympathie für diese Figur ist ungeheuer, und so gibt es eine Flut an zwei- und dreidimensionalen Darstellungen spätestens seit 1900, von einer Brauerei gleichen Namens ganz zu schweigen.

Noch bekannter ist das geflügelte Wort aus einem Lied, das 1935 Wilhelm Gabriel mit Anklang an die Münchner Hymne »Solang der Alte Peter« komponierte und Klaus Siegfried Richter textete: **»In München steht ein Hofbräuhaus«**. Amerikaner und Japaner können zumindest diese Zeile recht akzentfrei mitsingen. Als eine Art Sprichwort verwendet, kann es je nach Situation und Ton sehr viel ausdrücken: die Freude an einer schönen Binsenweisheit oder Ärger über sie, das Konstatieren eines stabilen Weltzustands wenigstens in der bayerischen Metropole, reines Gemütlichkeitsglück etc.

Schließlich bleibt **»München leuchtete«**. Ein Thomas-Mann-Satz, der erste seiner Erzählung »Gladius Dei«, den die Stadt gern zur Selbstfeier zitiert, der bedauernd geäußert werden kann oder hoffnungsfroh, sentimental oder kritisch.

MÜNSTER

»In Paris hat jeder die Seine, in Münster jeder die Werse.«

Bedeutung: Warum sollte man nur mit einer Frau ein Liebesverhältnis unterhalten?

Hintergrund: Das hübsche Wortspiel entstand wohl im Volksmund, ist mindestens seit dem Ersten Weltkrieg bekannt und entfaltet seine Wirkung nur in mündlicher Form mit deutscher Aussprache des französischen Flusses. So heißt es dann: »In Paris hat jeder die seine, in Münster jeder diverse.« Dass hier das für seine erotische Freizügigkeit berühmte Paris gerade in dieser Beziehung von einer westfälischen Stadt übertroffen werden soll, macht das Sprichwort besonders vergnüglich.

NASSAU

»ein Nassauer sein«
»nassauern«

Bedeutung: ein Schmarotzer sein, sich auf anderer Leute Kosten durchfressen und durchtrinken

Hintergrund: Die Stadt im Rhein-Lahn-Kreis sowie verschiedene europäische Adelsgeschlechter und staatliche Einheiten, die Nassau hießen und heißen, haben nur indirekt mit dem Ausdruck zu tun. Dabei gibt es eine gern erzählte, aber offenbar erst nachträglich erfundene Geschichte über Studenten aus Nassau, die in Göttingen Freitischplätze hatten, an denen sie für lau essen durften. Fehlte einer von ihnen, habe ein Fremder den Platz eingenommen und sich damit unberechtigt durchgefressen und -getrunken.

Der Ausdruck **»Nassauer«** für solch einen Schmarotzer ist allerdings etwa um 1830 in Berlin entstanden, nicht in Nassau oder Göttingen. Er bildete sich in der Umgangssprache und bezeichnete offenbar zuerst den geldlosen oder zahlungsunwilligen Kunden einer Prostituierten. Recht wahrscheinlich handelt es sich dabei um ein verhüllendes Wortspiel, das auf den viel älteren berlinischen Ausdruck »für nass« oder »per nass« zurückging, der »unentgeltlich« bedeutete.

Da »nass« schon mindestens seit 1500 im Deutschen so viel wie »liederlich«, »umsonst« oder »betrunken« heißen konnte, lässt sich der Ausdruck auch ohne den von manchen gewählten Umweg über das Rotwelsche und das Jiddische »nossen/naussen« für »schenken« herleiten. Übrigens findet sich auch schon im 16. Jahrhundert bei Johann Fischart ein Wortspiel, das den Regen poetisch als »den von Nassau« bezeichnet.

NEANDERTAL

»ein Neandert(h)aler sein«

Bedeutung: ein unzivilisierter, grober Kerl sein

Hintergrund: Zum Glück spottet man immer weniger über den Urmenschen und unseren Teilvorfahren. Ein grandioses Museum feiert stattdessen seinen Erfindungsreichtum und seine Kultur, soweit sie überliefert ist. Es steht in Mettmann nahe Düsseldorf, genauer gesagt: im Neandertal. Ob man das jetzt mit h schreiben möchte oder ohne, das hängt davon ab, ob man der seit 1901 üblichen Schreibung folgt oder Anthropologe ist. Die Menschenwissenschaftler halten sich an »Homo neanderthalensis«, wie man ihn nach Auffindung von Skelettresten im damaligen Neanderthal mit h nannte. Großes Glück hatte der Urmensch, dass er nicht als Gesteinser oder Hundeklipper bezeichnet wurde. So hieß dieser schöne, ja idyllische Abschnitt der Düssel nämlich bis kurz vor Auffindung der Urmenschenreste noch. Erst im 19. Jahrhundert hatte man begonnen, das Gebiet zu Ehren des evangelischen Geistlichen, Kirchenlieddichters und -komponisten Joachim Neander (1650–1680) »Neanderthal« zu nennen. Der war dort gern gewandelt und hatte in der Idylle sogar Gottesdienste abgehalten.

Bei seiner Beurteilung durch die Nachwelt hatte der Neandertaler nicht so viel Glück. Sie machte ihn erst sprichwörtlich. Durch eine folgenschwere Missinterpretation beim Zusammensetzen von Skelettteilen erschien er Forschern und der Öffentlichkeit als fehlgebildet, klein und primitiv. Es dauerte lange, bis sich die Wissenschaft ein richtigeres Bild vom Neandertaler gemacht hatte. Da war die sprichwörtliche Primitivität schon zu fest im Sprachgebrauch verankert, um noch etwas daran zu ändern.

Immerhin hat ihm Komponist und Texter Günter Neumann einen schmissigen Song voller Witz und Bewunderung gewidmet. Vier Zeilen aus dem Refrain können das belegen:

»Ein Neandertaler, ein Neandertaler
Den ich kämmen kann auf seinem Schulterblatt –
Ein Neandertaler, ein Neandertaler
Der so 'n richt'gen Meisterringerkörper hat!«

Das stimmt sogar anthropologisch, denn der Neandertaler war sehr muskulös und behaart, primitiv aber nicht.

NÜRNBERG

»der Nürnberger Trichter«

»Nürnberger Tand geht durch alle Land.«

»Die Nürnberger hängen keinen, sie hätten ihn denn.«

»Deutschlands / des Reiches Schatz-/Schmuckkästlein«

»Zu Nürnberg lässt man solche Wahl.«

Hintergrund und Bedeutung: Dass man lernunwilligen oder dummen Menschen das Wissen eintrichtern müsse, ist eine lustige Vorstellung, die seit dem 16. Jahrhundert in Deutschland zu finden ist. Mit dem Trichter lässt sich schließlich viel in kurzer Zeit sauber einfüllen. Im Jahr 1647 betitelte deshalb auch der berühmte Nürnberger Autor Georg Philipp Harsdörffer sein Lehrbuch der Dichtkunst so: »Poetischer Trichter. Die Teutsche Dicht- und Reimkunst / ohne Behuf der Lateinischen Sprache / in VI Stunden einzugiessen.« Das Werk hatte großen Erfolg und führte zur Bildung des Ausdrucks **»Nürnberger Trichter«**. Er bezeichnet bis heute eine Methode oder ein Hilfsmittel, mit dem man anstrengungsfrei lernen kann. Meistens wird er allerdings in Verneinung und ironisch verwendet. In Nürnberg erhält die Karnevalsgesellschaft »Nürnberger Trichter« den Ausdruck lebendig, nicht zuletzt, indem sie jährlich den »Goldenen Trichter« an humorvolle Persönlichkeiten verleiht. Es gab außerdem und sehr passend seit 1906 mindestens 50 Jahre lang stilisierte Nürnberger Trichter mit Süßigkeiten gefüllt als Einschulungsgeschenk. In Schülerkreisen entstand auch wenige Jahrzehnte zuvor die lustig verkürzte Version **»auf den Trichter kommen«**, parallel gebildet zu »auf die Lösung kommen«. Als Bildmotiv oder vollplastisch findet man den Nürnberger Trichter bis heute tausendfach auf Postkarten, Schachteln und anderen Souvenirartikeln, nicht nur in Nürnberg.

Schon vor weit über 500 Jahren hieß es: **»Nürnberger Hand geht durch alles Land.«** Wer jetzt »Tand« ruft, täuscht sich, denn das Wort kam erst im 19. Jahrhundert in das Sprichwort hinein. Ursprünglich ging es um einen Lobspruch des erfolgreichen Handwerks der fränkischen

Metropole, das man mit »Nürnberger Hand« bezeichnete. Vor allem das Kleinmetallgewerbe, also die Hersteller von Nadeln, Beschlägen, Leuchtern, Messern, Zirkeln etc., aber auch diejenigen von Spielzeug exportierten ab der Frühen Neuzeit in viele Länder und bis Afrika und Amerika. Nur für das Spielzeug findet sich der Ausdruck »Tand« seit dem 16. Jahrhundert, doch war er damals noch ohne spöttischen Beiklang.

Spott mussten sich die Nürnberger, schon wegen des Reichtums ihrer Händler und Handwerker, früh gefallen lassen. So sagt man bis heute: **»Die Nürnberger hängen keinen, sie hätten ihn denn.«** Man spielt damit auf die Sage um Eppelein von Gailingen an. Eigentlich hieß er Ekkelein Gailing, kam aus der Nähe von Gunzenhausen und richtete seit 1377 als Raubritter großen Schaden an. 1381 wurde er in Neumarkt in der Oberpfalz hingerichtet. Kurz darauf entstanden Lieder und Geschichten um ihn, deren berühmteste zum Sprichwort führte. Er habe als zum Tode Verurteilter auf der Nürnberger Burg darum gebeten, noch einmal auf seinem Pferd sitzen zu dürfen. Als man es ihm gewährte, sei er aus der Bewacherschar herausgesprengt und mit einem unglaublichen Sprung über die Burgmauer entkommen. Dementsprechend bedeutet das Sprichwort heute: »Es wird schon nicht so schlimm kommen!« Oder: »Das schaffst du doch nicht.«

Viel jünger ist der vor allem in Medien und der Tourismuswerbung verwendete Ausdruck **»Deutschlands / des Reiches Schatz-/Schmuckkästlein«,** der 1870 erstmals in der Zeitschrift »Die Gartenlaube« als »Deutschlands Schmuckkästchen« greifbar ist. Damals begann die Stilisierung Nürnbergs zu einem Ort nationalen Stolzes, vielleicht auch deshalb, weil da die Stadtbefestigung abgerissen werden sollte, was den Charakter Nürnbergs ganz verändert hätte. In diesem Zusammenhang klagte man über den Angriff auf das »Reliquienkästlein des Deutschen Reiches« und schrieb 1893 schließlich von des **»deutschen Reiches Schatzkästlein«**.

Zu den Schätzen der Stadt gehört zweifellos auch die Geschichte von einem zum Tode Verurteilten, dem man in Nürnberg angeblich die Wahl der Todesart überließ. Er antwortete: »Altersschwäche!« Deshalb sagte man jahrhundertelang und teils bis heute in Situationen, in denen man jemandem keine Wahl einräumen möchte oder die Alternativlosigkeit klarstellen: **»Zu Nürnberg lässt man solche Wahl.«** Oder: **»Wenn du zu Nürnberg wärst, so gäbe man dir die Wahl.«**

ÖSTERREICH

»Tu felix Austria nube!« /
»Du, glückliches Österreich, heirate!«
»Felix Austria« / »glückliches Österreich«

Bedeutung: Friedliches Handeln ist besser als Streit, Heirat besser als Krieg. Österreich ist ein Hort der Glückseligkeit und des Wohllebens.

Hintergrund: Ein Unbekannter schrieb Ende des 15. Jahrhunderts einen berühmten Zweizeiler in lateinischer Sprache, der die Heiratspolitik des Habsburgers Maximilian (1459–1519) lobte, der deutscher König und Kaiser wurde: »Bella gerant alii tu felix Austria nube / Nam quae Mars aliis, dat tibi regna Venus.« Auf Deutsch heißt das etwa: »Mögen andere Krieg führen, du, glückliches Österreich, heirate, / denn wie Mars anderen, gibt dir Königreiche Venus.« Der offensichtlich gelehrte Mann hatte eine Zeile des römischen Dichters Ovid verändert und weitergeführt. Der Satz kommt im Geschichtsunterricht bis heute vor und wurde dadurch geflügelt. In seiner Verkürzung **»Tu felix Austria«**, eine Wendung, die schon 1364 auf einem Siegel Rudolfs IV. erstmals auftaucht, oder nur **»Felix Austria«** bekam der Ausdruck eine neue Bedeutung. Gebrauchte man das ganze Zitat vorher bei Hochzeiten oder friedlich gelösten Streitfällen etc., bezog man es seit dem 19. Jahrhundert in der Kurzform auf ein angeblich besonders glückliches Österreich, in dem man zu leben verstehe.

PAPPENHEIM

»Ich kenne meine Pappenheimer.«

Bedeutung: Man kennt jemanden oder eine Gruppe sehr gut und weiß, was von ihm oder ihnen zu erwarten ist. Das war lange Zeit nur positiv gemeint, hat aber heute eher negative Bedeutung im Sinne von: Ich kenne die Schwächen von jemandem oder einer Gruppe.

Hintergrund: Pappenheim ist ein liebenswerter Luftkurort in Mittelfranken, ehemalige Residenzstadt und mitten im idyllischen Naturpark

Altmühltal gelegen. Dort ist seit Langem das Grafengeschlecht derer von Pappenheim zu Hause, und Reichserbmarschall Gottfried Heinrich zu Pappenheim führte im Dreißigjährigen Krieg seine berüchtigten Reiter in die Schlachten. Bereits im 17. Jahrhundert standen er und seine Reiter schon sprichwörtlich für Mut und Gnadenlosigkeit bei der Erstürmung Magdeburgs. Doch wären die Pappenheimer wohl in Vergessenheit geraten, hätte nicht Friedrich Schiller sie in einem seiner bekanntesten Dramen in einer besonders dramatischen Szene auftreten lassen.

In der Tragödie »Wallensteins Tod« (1799) fallen die Regimenter auf kaiserlichen Befehl von ihrem Feldherrn ab, weil er mit den Schweden paktieren will. Die Pappenheimer glauben an eine Intrige und schicken eine Delegation zu Wallenstein. Deren Sprecher will vom Feldherrn persönlich wissen, wie er es mit der Kaisertreue halte: »Kein fremder Mund soll zwischen uns sich schieben, / den guten Feldherrn und die guten Truppen.« Schiller lässt Wallenstein lobend sagen: »Daran erkenn ich meine Pappenheimer.«

Warum gerade dieser Satz zum geflügelten Wort in mancherlei Varianten wurde und sich sogar bei Tschechen, Flamen, Holländern und in Skandinavien findet? Einerseits war um 1800 die sprichwörtliche Bekanntheit der Pappenheimer noch europaweit gegeben. Andererseits handelt es sich hier um ein besonders berühmtes Stück und um eine entscheidende Stelle, an der Wallensteins Einwickel- und Laviertaktik grandios zu gelingen scheint, um dann doch grandios zu scheitern. Dass er es mit der Treue zum Kaiser nicht so genau nimmt, das merken die Pappenheimer. Und dann verhalten sie sich so, wie es Wallenstein hätte erwarten können, und nicht so, wie er es durch seine manipulative Rede erreichen wollte.

Wie so oft schliff sich die Grundbedeutung durch Ironisierungen ab, sodass man heute den Lobspruch oft als abschätziges Urteil hört. **»Ich kenne meine Pappenheimer«** heißt deshalb oft spöttisch oder überlegen neckend: »Ich habe denjenigen oder diejenigen durchschaut, kenne sie besonders gut! Mir kann man nichts vormachen!«

PS: »Pappenheimer« war schon im 14. Jahrhundert als Bezeichnung für die Nürnberger Abortreiniger gebräuchlich und in der Folge als allgemeines Schimpfwort. Viel spricht dafür, dass die Bezeichnung mit dem Amt der Grafen von Pappenheim als Reichsmarschälle zu tun hat. Diese waren – gerade vor dem Besuch von Kaiser oder König in Nürnberg –

für Sauberkeit, Leerung der Senkgruben etc. zuständig. Sie setzten zu diesem Zweck Leute ein, die man in Nürnberg nach dem Auftraggeber rasch »Pappenheimer« nannte. Deren Amt hatte zwar mit übel riechenden Hinterlassenschaften zu tun, hatte aber nichts Anrüchiges und war sogar beliebt. Um für den Posten infrage zu kommen, musste man freilich konzessionierter Kärrner, das waren die städtisch bestallten Fuhrunternehmer, sein. Aus ihrem Kreis bewarb man sich förmlich darum, »Pappenheimer« zu werden, und wurde dazu vom Nürnberger Rat gewählt.

PETTSTADT

»Mach's wie der Pettstadter Schmied!«
»Das mach ich wie der Pettstadter Schmied.«

Bedeutung: Erledige das nach Gutdünken! Ich mache das, wie ich will.
Hintergrund: In Franken und darüber hinaus hört und liest man den Spruch seit gut 100 Jahren, und auch Jüngere verwenden ihn gern. Die Bedeutung gleicht der von »Mach's wie der Pfarrer Nolte«. Der machte es, wie er wollte, behauptete man. Im Gegensatz zu dem nur des Reimes wegen erfundenen Pfarrer gab es den Pettstadter Schmied wirklich und sogar gerichtskundlich. Es handelt sich um den 1910 verstorbenen Schmiedemeister Sebastian Schubert. Er wurde zu später Stunde im Wirtshaus von Gendarmen aufgefordert, das Lokal zu verlassen. Schubert antwortete im dortigen Fränkisch: »Des mach ich, wie ich mooch.« Die empörten Gendarmen brachten die Aussage zur Anzeige, doch der Richter am Königlich Bayerischen Amtsgericht im benachbarten Bamberg erkannte in dem Satz weder Widerstand gegen die Staatsgewalt noch eine Beleidigung. Der Freispruch des Schmieds aus Pettstadt und die ganze Geschichte sprach sich rasch herum. Kurz darauf sagte und schrieb man: **»Mach's wie der Pettstadter Schmied!«**

POMMERN

»Pommerland ist abgebrannt.«
»eine Landpomeranze sein«

Hintergrund und Bedeutung: Früher kannte jeder das Lied »Maikäfer, flieg«, heute ist es immerhin noch nicht vergessen. Der Text des kurzen Kinderliedes lautet: »Maikäfer, flieg! Der Vater ist im Krieg. Die Mutter ist in Pommerland. Pommerland ist abgebrannt. Maikäfer, flieg!« Wer das Lied mit seinen Kindern nach der Melodie von »Schlaf, Kindlein, schlaf« sang, dachte dabei automatisch an den Landstrich Pommern. Wissenschaftler sind sich über diesen Zusammenhang ebenso unsicher wie über die Entstehungszeit. Inzwischen zweifelt man an der lange gehegten Vorstellung, es sei schon im Dreißigjährigen Krieg (1618–1648) gesungen worden, und tippt nun eher auf die Zeit des Siebenjährigen Kriegs (1756–1763), als Pommern schwer zu leiden hatte. Als geflügeltes Wort verbreitete sich die drastische Zeile **»Pommerland ist abgebrannt«** für Enttäuschungen, Katastrophen und Fehlschläge aller Art.

Die **»Landpomeranze«** dagegen weckt eher heitere Assoziationen, denn so ein derbes Frauenzimmer wirkt, egal ob auf der Bühne oder in erzählender Literatur, vor allem komisch. Früher schrieb man durchaus auch »Landpommeranze« und bezog den Ausdruck auf die in Berlin häufig anzutreffenden Dienstmädchen pommerscher Herkunft. Andere führen die Bezeichnung dagegen auf die gesunde Gesichtsfarbe der Landmädchen mit ihren roten Bäckchen, die Pomeranzen glichen, zurück. Was auch immer stimmen mag, der Gedanke an Pommern lag immer nahe, zumal »Pommer« oder »Bummer« in einigen Dialekten »grobe Person« oder »dummer Junge« heißt, und eine Landpomeranze gilt nun mal sprichwörtlich als füllig und derb.

POSEMUCKEL/HINTERPOSEMUCKEL *siehe* »Sprichwörtlich provinzielle und spießige Orte«, S. 23

REICHARTSHAUSEN *siehe* »Dummsdorf und andere sprechende Orte«, S. 29

REICHENBACH *siehe* »Dummsdorf und andere sprechende Orte«, S. 29

SACHSEN

»in Sachsen, wo die schönen Mädchen auf den Bäumen wachsen«

Bedeutung: manchmal keine, ein bloßer Reflex auf die Nennung des Namens »Sachsen«, dann anerkennend und lobend oder aber spöttisch auf die Töchter des Landes bezogen, schließlich sogar als Nirgendwoformel einsetzbar

Hintergrund: Ehrliche Sprichwortforscher geben zu: Es gibt keine überzeugende Erklärung, und es steht nicht einmal fest, ob Sachsen oder vielmehr Niedersachsen mit dem Reim gemeint ist. Sicher findet man Mitte des 19. Jahrhunderts Lieder und Kinderspielverse, in denen der Ausdruck vorkommt, so bei Karl Simrock in »Das deutsche Kinderbuch« von 1848, wo es heißt:

»Schacker, schacker Reiterlein,
Wenn die Kinder kleine sein,
Reiten sie auf Stöckelein,
Wenn sie größer werden,
Reiten sie auf Pferden,
Wenn sie größer wachsen,
Reiten sie nach Sachsen,
Wo die schönen Mädchen
Auf den Bäumen wachsen.«

Angeblich sei der Reimspruch in Hildesheim entstanden und habe sich auf die Frauen in Celle bezogen, aber das ist bloße Spekulation, genauso wie die Rückführung auf germanische Schöpfungsmythen. Sicher dagegen ist, dass in vielen Ländern Städte und Landstriche für die Schönheit ihrer Mädchen und Frauen sprichwörtlich wurden, so jahrhundertelang in England Lancashire oder bis heute in Russland Samara. Ob nun eigentlich Niedersachsen gemeint war oder Sachsen, die Vorstellung von Mädchen, die an oder auf Bäumen wachsen, in lustige Bilder zu überführen, ließen sich viele Illustratoren von Kinderliederbüchern nicht entgehen.

SACHSENHAUSEN

siehe auch **Frankfurt**

»e Sachsenhäuser Fuß und e Bariser Stiffel«

Bedeutung: Etwas passt nicht zusammen.
Hintergrund: Frankfurter unterscheiden gern zwischen »hibbdebach«, die Stadtteile nördlich vom Main, und »dribbdebach«, die Stadtteile südlich des Flusses, vor allem Sachsenhausen. Wie unterschiedlich man sich hüben und drüben schon lange fühlte, belegt das alte Frankfurter Sprichwort: **»Zwei Dinge liegen so weit auseinander wie Frankfurt und Sachsenhausen.«** Und die kuriose Inschrift in griechischen Buchstaben auf dem Eisernen Steg spielt mit Homer ebenfalls spöttisch auf die scheinbar unüberbrückbare Entfernung an: »Auf weinfarbenem Meer segelnd zu anderen Menschen«. Die Sachsenhäuser galten in Frankfurt als gutmütig, aber eher grob in Wesen und Wuchs. Deshalb sah man einen großen Gegensatz zwischen einem typischerweise eleganten Stiefel aus Paris und einem eher groben Fuß aus Sachsenhausen.

SÄCKINGEN

»ein Moraltrompeter von Säckingen sein«

Bedeutung: unangenehm herummoralisieren
Hintergrund: Friedrich Nietzsche erfand die schönen Worte »moralinfrei« und »Moralprediger«. Er krönte diese Ausdrücke mit der Beschimpfung des Klassikers Friedrich Schiller als **»Moraltrompeter von Säckingen«**. Die Dramen des Schwaben in ihrer pathetischen

Verkündigung von Werten empfand er als unangenehm explizit, ja überdeutlich. Nietzsche verknüpfte nun sehr geschickt den Titel des damals schon sehr beliebten Versepos »Der Trompeter von Säckingen« Viktor von Scheffels einerseits mit der von Luther geprägten Formel des »Ausposaunens« als unangenehm deutliche und indiskrete Verlautbarung und andererseits mit seinem eigenen Begriff **»Moralprediger«**. Als geflügeltes Wort hielt sich die Formel bis heute als wohlfeiler Schiller-Spott, die gekürzte Form »Moraltrompeter« auch für andere, die lautstark und unangemessen moralisieren.

SCHEUERN

»bescheuert sein«

Bedeutung: dumm sein, blöd, nicht zurechnungsfähig, verrückt
Hintergrund: Lange Zeit ging man davon aus, **»bescheuert sein«** komme von der bekannten »Anstalt für Blödsinnige« in Scheuern, einem Stadtteil Nassaus. Heute dagegen gilt das als falsch, es sei vielmehr ähnlich wie »bekloppt sein« gebildet. Das bedeutet »durch Kloppen blöd geworden sein«. Die Verbindung ergibt sich über **»jemandem eine scheuern«**, was ja ein Schlag wäre, der zu Blödheit führen könnte.

Dass die Einwohner Nassaus und naher Gemeinden gleichwohl einen Zusammenhang sahen zwischen der Anstalt in Scheuern und dem Ausdruck »bescheuert sein«, ändert an dieser Erklärung nichts. In unzähligen Orten dient ja der Name der nächstgelegenen Einrichtung für die Behandlung psychisch Kranker oder der Name des Ortes, wo sie sich befindet, als Synonym für »verrückt, blöd« etc. sein. Beliebt sind auch kürzere und längere Spottverse wie:

(Stadt, Kliniknamen einsetzen), mach die Türen auf.
Der (Name des zu Beschimpfenden einsetzen) kommt im Dauerlauf.
Er will sich eine Zelle mieten,
Weil bei ihm die Vögel piepen.

Spätestens nach den Tötungsaktionen im Nationalsozialismus (T4-Aktion u. a.) geriet das zwar in die Kritik, ist aber bis heute durchaus zu hören.

SCHILDA

»aus Schilda sein«

»ein Schildbürger sein«

»ein Schildbürgerstreich sein«

Bedeutung: ein Dummkopf sein, widersinnige, dumme Handlungen ausführen, eine widersinnige Tat sein

Hintergrund: Im Jahr 1597 erschien »Das Lalen-Buch. Das ist: Wunderseltsame /abentheuerliche /unerhörte /und bisher unbeschriebene Geschichten und Thaten der Lalen zu Laleburg in Misnopotamia /hinter Utopia gelegen«. Die Sammlung von Schwänken und Schnurren war sehr erfolgreich und kam ein Jahr später mit dem Titel »Die Schildbürger« erneut heraus. Die darin geschilderten Menschen leben in der fiktiven Stadt Schilda und machen sich durch alberne und dumme Taten lächerlich. Der Ort ist möglicherweise mit der kleinen Gemeinde Schilda in Brandenburg in Verbindung zu bringen, aber das ist umstritten.

Wahrscheinlicher ist er schlicht und einfach erfunden. Wer die Geschichten von den Narreteien der Bürger Schildas gelesen hat, findet freilich überall und zu jeder Zeit Leute, die sofort zu Ehrenbürgern des Ortes ernannt zu werden verdienen.

SCHLARAFFENLAND

»wie im Schlaraffenland leben«

Bedeutung: faul und genussvoll leben

Hintergrund: Ob dieses Land in Europa oder gar in Deutschland liegt? Viele meinen, es sei eher in Utopia zu finden. Ganz sicher entstanden die Geschichten ums Schlaraffenland aber in Europa, der Name bei uns.

Wie man dorthin kommt? Grießbrei, Grießbrei und nochmals Grießbrei. Doch um ans Ziel zu gelangen, sollte man einen guten Magen haben. Wer nämlich die Barriere aus Grießbrei durchessen kann, der gelangt in ein Land, in dem einem – schwupp – gebratene Tauben in den Mund fliegen, wo Bäche von Bier und Wein fließen, Bäume aus Zucker stehen, Tortenberge, Zäune aus Bratwürsten, wo kross gebratene Spanferkel mit Essbesteck im Rücken herumlaufen. Und selbst die Früchte fallen einem in den Schoß.

So und ähnlich beschreiben Geschichten das Schlaraffenland, die Heimat der Faulen, das Land der Fresser. Der Name dieses Paradieses, das im 14. Jahrhundert erdacht wurde, leitet sich vom mittelhochdeutschen Wort für Faulpelz »slûr« her. Verbunden mit »affe«, was »Narr« und »Tor« bedeutete, wurde »slûraffe« zum Schimpfwort für gefräßige Menschen und Nichtstuer. Mit der Lautverschiebung kam es erst zum »Schlauraffen« und dann zur heutigen Form »Schlaraffe«. Wo diese Faulenzer lebten oder hin wollten, das nannte man dann um 1500 »Schlaraffenland«.

SCHÖNEBERG

»Das war in Schöneberg ...«

Bedeutung: Ich habe eine angenehme, sentimentale Erinnerung an etwas, das leider vorüber ist.

Hintergrund: Es handelt sich um ein geflügeltes Wort, nämlich um die erste Zeile des Berliner Lieds **»Das war in Schöneberg** im Monat Mai«. Der geniale Komponist von Operetten, Filmmusik und Liedern, Walter Kollo (1878–1940), und sein Sohn Willi (1904–1988) machten das Lied 1913 mit ihrer Posse »Wie einst im Mai« sehr bekannt. Spätestens durch Interpretinnen wie Marlene Dietrich und Cornelia Froboess oder die Verfilmung im Jahr 1961 erlangte das Lied Berühmtheit. Der sentimentale Ton und Text ließen rasch die erste Zeile sprichwörtlich für nostalgische Stimmungen werden.

SCHÖNHAUSEN *siehe* »Dummsdorf und andere sprechende Orte«, S. 29

SCHWARZBURG *siehe* »Dummsdorf und andere sprechende Orte«, S. 29

SCHWEIZ

»Ich bin die Schweiz.«

Bedeutung: Das ist mir egal, ich bin ganz neutral.

Hintergrund: In den USA sagt man schon lange »I'm Swiss« oder gar »I'm totally Swiss«, um auszudrücken, dass einem etwas egal ist oder eine Entscheidung unwichtig. Natürlich steckt dahinter die sprichwörtliche Neutralität der Schweiz, die ja sogar lange Jahre nicht einmal in der UNO Mitglied war. Übersetzer amerikanischer Bücher rechneten damit, dass eine wörtliche Übertragung der Redewendung für deutschsprachige Leser verständlich wäre. Sie wurde besonders in unserem Jahrhundert schnell unter jungen Leuten beliebt – beispielsweise auch durch die Übersetzung der gerade bei Teenies extrem erfolgreichen »Twilight«-Serie Stephanie Meyers.

SOLINGEN

»Gruß / Schöne Grüße / Mit schönen Grüßen aus Solingen«

Bedeutung: begleitende Worte bei einem Messerstich, verhüllende Beschreibung eines Messerstichs, Messerwurfs, auch in den Rücken

Hintergrund: Die Stadt Solingen gilt traditionell als »Messerstadt«, sie war berühmt für ihre scharfen und schnitthaltigen Messer. Das führte zu dem umgangs-sprachlichen Ausdruck für einen Messerstich oder -wurf. Selten hört man auch noch das auf dieselbe Tatsache zurückgehende sprichwörtliche Kom-pliment, eine Frau sei **»scharf wie Solingen«**.

ULM

»wie der Schneider von Ulm«

Bedeutung: gestürzt sein, mächtig gescheitert sein, sich lächerlich ge-macht haben

Hintergrund: Den berühmten Schneider von Ulm, der nach einem spektakulären Flugversuch in der Donau baden ging, gab es wirklich. Albrecht Ludwig Berblinger (1770–1829) war ein mechanikbegeisterter Schneider und Erfinder u. a. von Beinprothesen und gehört nach heu-tiger Sicht auch zu den Flugpionieren. Die Gründe für das spektakuläre Scheitern der öffentlichen Flugvorführung am 31. Mai 1811 in seiner Hei-matstadt Ulm sind vielfältig. An seinem Flugapparat selbst lag es nicht, wie spätere Versuche zeigten, sondern eher an den widrigen Umständen der Versuchsstelle. Die Medien der Zeit verspotteten den **»Schneider von Ulm«** jedoch als Lügner und Betrüger. Sie und der Volksmund machten ihn deutschlandweit lächerlich und sprichwörtlich für Leute, die den Mund zu voll nehmen, die aufsehenerregend scheitern etc. Filme, Roma-ne, Karikaturen und Hörspiele halten die Figur bis heute bekannt. Allen Ehrenrettungen zum Trotz überlebt bis in die Gegenwart der Spott, so in dem nicht nur in Ulm gern zitierten Vierzeiler:

»Der Schneider von Ulm
hat's Fliege probiert,
Da hat ihn der Deifel
In d' Donau neigführt.«

VEGESACK *siehe* »Dummsdorf und andere sprechende Orte«, S. 29

WANNE-EICKEL *siehe* »Sprichwörtlich provinzielle und spießige
Orte«, S. 23

WARTBURG *siehe* »Dummsdorf und andere sprechende Orte«, S. 29

WEINSBERG

»treue Weiber von Weinsberg« / »treu wie die Weiber von Weinsberg«

Bedeutung: sehr treu sein
Hintergrund: Der schwäbische Ort Weinsberg wurde sprichwörtlich durch eine Begebenheit im 12. Jahrhundert, die bereits spätestens
1200 aufgeschrieben wurde. König Konrad III. belagerte 1140 die Burg
über der Stadt Weinsberg und konnte sie zur Kapitulation zwingen. Er
gewährte den Frauen freien Abzug und gestand ihnen außerdem zu
mitzunehmen, was ihnen das Liebste wäre. Die Frauen nahmen ihre
Männer, die mit dem Tod bedroht waren, auf den Rücken und trugen sie
aus der Burg. Als man sie hindern wollte, soll Konrad III. gesagt haben:
»Eines Königs Wort (bzw. in des Dichters Uhland Version: »Ein Kaiser-
wort«) soll man weder drehen noch deuteln.« Er ließ die eindrucksvolle
Rettungstat geschehen, und die Weiber von Weinsberg sind bis heute
wegen ihrer Treue und Tatkräftigkeit sprichwörtlich – auch wenn der
Ort der Tat, die Burgruine »Weibertreu«, heute verfallen ist.

WESSUM *siehe* »Das Modell ›Eulen nach Athen tragen‹«, S. 71

WIEN

»etwas wienern«
Etwas sieht aus »wie gewienert«.

Bedeutung: etwas polieren, etwas sieht aus wie hochglanzpoliert
Hintergrund: Schon vor über 100 Jahren kam ein Poliermittel unter dem Produktnamen »Wiener Kalk« auf den Markt, das hauptsächlich aus gemahlenem Dolomitstein besteht. Es verbreitete sich wegen seiner Verbindung von guter Wirkung und Ungiftigkeit sehr rasch. Es wurde derartig beliebt, dass man schon vor dem Zweiten Weltkrieg das Polieren selbst als **»Wienern«** bezeichnete und blitzsauber glänzende Gegenstände lobte, sie sähen aus **»wie gewienert«**.

WOLKENKUCKUCKSHEIM

»in einem Wolkenkuckuckusheim leben«

Bedeutung: weltfremd sein, unrealistische Vorstellungen haben
Hintergrund: Der deutsche Ortsname »Wolkenkuckucksheim« verdankt sich Arthur Schopenhauer, der ihn 1814 als sehr wörtliche Übersetzung für den altgriechischen Ausdruck »nephelokokkügia« bildete. Der wiederum stammt aus der eindrucksvollen Komödie des Aristophanes »Die Vögel« und bezeichnet darin die gigantische Stadt der Vögel, die sie bauen sollen, um die Macht zu erlangen.

Schopenhauers Version »Wolkenkuckucksheim« setzte sich gegenüber älteren Varianten wie »Wolkengukguksburg« von Christoph Martin Wieland und »Kukukswolkenheim« von Johann Heinrich Voß durch. Der schöne Ausdruck bot eine willkommene Alternative an zu längst eingeführten Wendungen wie **»Luftschlösser bauen«** und passte gut zu anderen wie **»aus allen Wolken fallen«**. Wer unrealistisch ist und weltfremd, wer offenbar an einem luftigen Ort lebt, wo er seine wolkigen Vorstellungen spinnen kann, der kann das nur tun, bis er mit Tatsachen konfrontiert wird und hart landen muss.

WUPPER *siehe* **Jordan**

KAPITEL 2

**Wie man zwischen
Skylla und Charybdis sein
Waterloo erleben kann**

Das sprichwörtliche Europa

SCHWEDEN

Stockholm

DÄNEMARK

Derby

HOLLAND

POLEN

Warschau

FLANDERN

Ypern
Waterloo

Tschenstochau

Paris
Echternach

BÖHMEN

FRANKREICH

WALACHEI

Venedig

Canossa

Pisa
Rubikon

Rom

Philippi

Olymp

TÜRKEI

Neapel

Troja

Issos

Skylla und Charybdis

RHODOS

Parnass

Delphi
Theben

Marathon

Olympia
Korinth

ARKADIEN
Athen

Sparta

LAKONIEN

ARANJUEZ

»Die schönen Tage in Aranjuez sind vorüber.«

Bedeutung: Eine angenehme Zeit ist vorbei, jetzt geht der graue, anstrengende Alltag wieder los.

Hintergrund: Es sind die ersten Worte in Friedrich Schillers Drama »Don Karlos« (1787). Mit ihnen beklagt der Beichtvater des Königs, dass der Aufenthalt in der königlichen Sommerfrische Aranjuez, knapp 50 Kilometer südlich von Madrid, keine positiven Folgen gehabt habe. Nun steht die Rückkehr an den Hof mit seinem strengen Zeremoniell bevor.

Da »Don Karlos« unter den Schiller-Dramen zur Riege der meistgespielten zählt, verbreitete sich der Anfangssatz schon bald als geflügeltes Wort, vor allem im Bürgertum. Man drückte damit das Bedauern über das Ende einer angenehmen Zeit und den Beginn einer unangenehmen aus. In anderem Tonfall ausgesprochen, kann man mit der Wendung freilich auch dazu aufrufen, mit dem Tändeln und Nichtstun aufzuhören und sich endlich dem Ernst des Lebens zu widmen.

ARKADIEN

»arkadische Gefilde«
»Auch ich war in Arkadien geboren.«
»Et in Arcadia ego.« / »Auch ich in Arkadien.«

Hintergrund und Bedeutung: In der Antike schon galt Arkadien, ein Landstrich auf dem Peloponnes, als besonders friedlich und idyllisch. Dort lebte in alter Zeit ein Hirtenvolk, das den Bewohnern der altgriechischen Stadtstaaten als einfach bis dümmlich, aber auf jeden Fall als sehr glücklich erschien. Kein Wunder also, dass man damals und heute noch von **»arkadischen Gefilden«** schwärmt, wenn es einem am Urlaubsort besonders gut gefällt. Auf die Idylle bezieht sich gleichfalls der Satz **»Auch ich in Arkadien«** mit seinen Varianten. Was dahinter-steckt, birgt einige Überraschungen: Zuerst wurde die Formel in lateini-scher Form und auf Gemälden bekannt: **»Et in Arcadia ego.«** Woher sie stammt? Das ist bis heute unbekannt. Die Maler Giovanni Francesco Barbieri (1591–1666) und vor allem Nicolas Poussin (1594–1665) waren jedenfalls für die europaweite Verbreitung verantwortlich. Der Erste malte Hirten und einen Totenschädel auf einem Grab, der Zweite Hir-ten und eine Frauengestalt an einem Grab. Bei beiden steht auf dem Grabstein: »Et in Arcadia ego.« Wörtlich übersetzt heißt das: »Auch in Arkadien ich.« Wer aber ist »ich«? Was bedeutet der Satz? Welches Verb könnte man einsetzen?

Schon früh setzte ein Reigen der Deutungen ein. Die einen waren überzeugt, der Satz erinnere an die Sterblichkeit und sei zu übersetzen mit »Selbst im idyllischen Arkadien bin ich, der Tod.« Andere fanden die Hirten um das Grab nicht allzu bekümmert und meinten, es heiße: »Was soll uns der Tod? Auch ich glücklicher Hirte bin in Arkadien.«
Bei den Malern des 17. Jahrhunderts darf man mit noch mehr Anspie-lungsreichtum rechnen. So herrscht inzwischen bei vielen Deutern die Meinung vor, Poussin habe auf seinem Gemälde »Die arkadischen Hir-ten« die Bedeutung der Malerei als eine der Literatur ebenbürtige Kunst dargestellt. Die bekränzte Dame sei die Malerei, die Hirten stünden für die traditionsreiche idyllische Hirtendichtung – und der Tod könne von beiden Künsten überwunden werden, indem sie Dauer in ewigen Wer-ken versprächen. Die Formel heiße dann: »Auch ich, die Malerei, bin in Arkadien und produziere todüberwindende Kunst.«

Berühmte Autoren wie Johann Wolfgang von Goethe und Friedrich Schiller interpretierten die Formel für sich neu. Schiller schrieb in sei-nem Gedicht »Resignation« **»Auch ich war in Arkadien geboren«** und spielt damit auf die Sehnsucht nach einer verlorenen Idealheimat an, Goethe setzte »Auch ich in Arkadien!« seiner »Italienischen Reise« mit Ausrufezeichen als Motto voran, womit er wohl darauf anspielte, wie glücklich er in der klassischen Landschaft Italiens war. Und von da an zitierte jeder den Satz, wie er mochte: ernst, spielerisch, banal oder ironisch.

In englischen Dramen oder Gedichten findet man im Übrigen zuwei-len den Ausdruck **»arkadische Nachtigallen«**. Gemeint sind – schrei-ende Esel. Von denen gab es in der Hirtenidylle genug.

ATHEN

»Eulen nach Athen tragen«
»ein Spree-, Pleiße-, Saale-Athen sein«

Hintergrund und Bedeutung: Die Redensart **»Eulen nach Athen tragen«** charakterisiert etwas als Binsenweisheit oder als sinnlose Tat. Sie existiert schon seit weit über 2000 Jahren. In Athen gab es nämlich in der Antike extrem viele Eulen. Das lag daran, dass die Stadt nach ihrer Schutzgöttin, der weisen Athene hieß, diese wiederum als Begleittier eine Eule hatte. Das nachtaktive Tier verglich man mit Bildungshungrigen, die mit Studieren die Nacht zum Tage machten. Eulenskulpturen und zahme Eulen fanden sich dementsprechend überall in der Stadt. Und vor allem: Man sah sie auf den Geldstücken. Da die Athener lange Zeit so reich waren, dass sie nicht einmal Steuern zahlen mussten, prägte der Dramatiker Aristophanes den Spruch über sinnloses Tun »Eulen nach Athen tragen«. So sagte man es bald auch in den umliegenden Stadtstaaten und später im römischen Reich. Aus dem Lateinischen übernahmen es viele europäische Sprachen, so auch das Deutsche. Eine ironische Variante, die vielleicht aus einem Versprecher entstanden ist, ersetzt bei jungen Leuten ab und zu den alten Spruch. Sie heißt **»Säulen nach Athen tragen«**. Klar, das wäre sinnfrei, denn Säulen sind schwer und in Athen findet man Mengen davon. Ach ja, den griechischen Euro schmückt heutzutage wieder eine Eule.

Da Athen europaweit als Wiege der Gelehrsamkeit gepriesen wurde, nannte man andere Städte, die dem nacheiferten, nach dem jeweiligen Fluss, an dem sie lagen, mit dem Zusatz »-Athen«. Am bekanntesten ist Berlin als **Spree-Athen**, früher war auch die Rede von Leipzig als **Pleiße-Athen** und Jena als **Saale-Athen**.

DAS MODELL »EULEN NACH ATHEN TRAGEN«

Nach dem Modell der berühmten Eulen-Redensart entstanden viele nationale und regionale Varianten:

Bier nach **München**, ins Hofbräuhaus bringen (Deutschland)

Wer bringt schon Bier nach **Dortmund** mit? (Deutschland)

Dielen/Sparren nach **Norwegen** bringen (in Holland: »Späne/Fichten nach Norwegen bringen«)

Frauen mit nach **Paris/Mallorca** nehmen (Deutschland)

Holzschuhe nach **Wessum** tragen (Münsterländer Platt)

Krawatten nach **Krefeld** tragen (Deutschland)

Käse ins **Allgäu** / in die **Schweiz** rollen / bringen (Deutschland)

Sand in die **Sahara** tragen (Deutschland u. a.)

Schnecken nach **Metz** treiben (Moselgebiet)

Schnee nach **Lappland** / in die **Antarktis** / nach **Alaska** bringen (Deutschland u. a.)

Tauben auf den **Markusplatz** bringen (Deutschland)

Tulpen nach **Amsterdam/Holland** bringen (Deutschland u. a.)

Wein mit nach **Frankreich** nehmen (Deutschland)

Fische zum **Hellespont** bringen (antikes Griechenland)

Pfeffer nach **Indien** bringen (verschiedene asiatische Länder)

Kohlen nach **Newcastle** bringen (England)

Stroh nach **Ägypten** bringen (England)

Ablass nach **Rom** bringen (europäische Länder)

Klingen nach **Damaskus** bringen (europäische Länder)

Muscheln nach **Saint Michel** bringen (Frankreich)

Kümmel nach **Kerman** tragen (Iran)

Lachs nach **Tory Island** (Toraigh) bringen (Irland)

Gefäße/Vasen nach **Samos** tragen (Italien)

Bananen nach **Madeira** tragen/bringen (Portugal)

Mit dem eigenen Samowar nach **Tula** fahren (Russland)

Salz nach **Dysart** bringen (Schottland)

Pudding nach **Tranent** tragen (Schottland)

Orangen nach **Valencia** bringen (Spanien)

Wasser zur **Donau** bringen (Ungarn und nach diesem Modell in vielen Sprachen mit anderen Flüssen)

BÖHMEN

»Das sind böhmische Dörfer für mich.«
»ein Bohemien sein«
»zur Boheme gehören«

Hintergrund und Bedeutung: Jahrhundertelang gehörte Böhmen zum Heiligen Römischen Reich Deutscher Nation, doch die Ortsnamen dort wollten deutschen Ohren und Zungen nicht so recht passen. Man konnte sie schwer aussprechen und schwer verstehen, weshalb sich bereits im 16. Jahrhundert der Ausdruck **»böhmische Dörfer«** einbürgerte, wenn einem etwas unverständlich war. In Böhmen selbst sagt man übrigens bis heute, wohl unter dem Einfluss von »das kommt mir spanisch vor«, in gleichem Sinn **»Das sind spanische Dörfer für mich«**.

Eine Bedeutungserweiterung erfuhr die Wendung im 17. Jahrhundert. Der Dreißigjährige Krieg hatte in Böhmen seinen Ausgang genommen und den Landstrich so übel verwüstet zurückgelassen, dass dort kaum noch Dörfer standen. Dementsprechend hieß damals **»Das sind böhmische Dörfer für mich«** »Das ist etwas sehr Seltenes, Überraschendes für mich«.

Für eine ganz andere sprichwörtliche Prominenz der Böhmen sind die Franzosen verantwortlich. Sie glaubten, das Volk der Roma, das sich seit dem hohen Mittelalter in Europa verbreitete, stamme aus Böhmen, wohingegen man in anderen Ländern meinte, es käme aus Ägypten. Letztere Vermutung führte im Englischen zum Beinamen »gipsy«, die französische Annahme zum »bohémien«. Die umherziehenden Roma, bei uns damals als »Zigeuner« bezeichnet, verknüpfte man mit vielen oft unzutreffenden Klischees und Vorurteilen. Wer wie sie am Rande der Gesellschaft lebte und den bürgerlichen Ordnungsvorstellungen nicht entsprach, wurde im 19. Jahrhundert ebenfalls als **»Bohemien«** bezeichnet, als Gruppe: **»Boheme«**. Mit Henri Murgers »Szenen aus dem Leben der Bohème« (1847–49) und den darauf basierenden Opern und Filmen verbreitete sich der Begriff weit über Frankreich hinaus. Zur Boheme zählten sich Studenten, Prostituierte, Kleinkriminelle, Trinker, Lebenskünstler und Künstler. Sie verkörperten das freie, moderne und schrankenlose Dasein, wodurch aus der verächtlichen Bedeutung der

Wendung **»ein Bohemien sein«** immer wieder auch eine sehr positive werden konnte.

CANOSSA

»einen Gang nach Canossa antreten müssen«

Bedeutung: zu Kreuze kriechen müssen, einen peinlichen Irrtum, Fehler zugeben, einen Bußgang antreten müssen

Hintergrund: Knapp 20 Kilometer südlich von Reggio Emilia liegt das Örtchen Canossa, über dem eine Burgruine thront. Im hohen Mittelalter trafen sich hier Papst Gregor VII. und Kaiser Heinrich IV. Wie kam es dazu? Auf dem Höhepunkt des Investiturstreits hatte der Kaiser den Papst aufgefordert, sein Amt aufzugeben, woraufhin der Papst den Kaiser mit dem Kirchenbann belegte. Das bedeutete, dass Heinrich IV. gleichsam seine Hoheits- und Befehlsgewalt verlor und sich niemand mehr an ihn gebunden fühlen musste. In diesem Kampf zwischen der höchsten weltlichen und der höchsten geistlichen Macht, der das gesamte Abendland in Atem hielt, kam es zu dem Treffen auf der Burg Canossa im Januar 1077.

Dass aber Heinrich sich wirklich barfuß und im Büßergewand mit einem frierenden Gefolge der Burg näherte und sich vor dem Papst erniedrigen musste (wie es die papstnahen Geschichtsschreiber überlieferten), wird heute bezweifelt. Der Kaiser könnte auch den Papst, der auf dem Weg nach Augsburg war, in Canossa abgefangen und ihn mit seinem Bußgang gezwungen haben, den Kirchenbann zu lösen. Es könnte sich außerdem um eine vorher ausgehandelte Begegnung gehandelt haben, um eine weitere Eskalation zu verhindern.

Unbezweifelt blieben der Tatbestand des außergewöhnlichen Treffens und der Ort, an dem es zu der Begegnung kam. Sie wurden von katholischer Seite sowie von deutschen Herrschern und Historikern, Dichtern und Politikern immer wieder propagandistisch ausgeschlachtet.

Besonders im 19. Jahrhundert, als der preußische Staat im Kulturkampf den Einfluss des Papsttums reduzieren wollte, zitierte man Canossa als negatives historisches Beispiel für zu großen päpstlichen Einfluss. Sprichwörtlich machte es dann wohl erst der damals überaus populäre Otto von Bismarck, der am 14. Mai 1872 in einer Reichstagsrede bekräftigte: »Seien Sie außer Sorge, nach Kanossa [sic] gehen wir nicht, weder körperlich noch geistig.« Die Protokollanten vermerkten als Reaktion des Parlaments: »Lebhaftes Bravo!« Ab da und bis heute verwendet man den Ausdruck bald auch in ganz anderen Situationen, in denen es um einen Bußgang oder ein Zu-Kreuze-Kriechen geht.

DÄNEMARK

»Etwas ist faul im Staate Dänemark.«

Bedeutung: Eine Situation ist verdächtig, vielleicht sogar gefährlich, weshalb Misstrauen und Aufmerksamkeit notwendig sind.
Hintergrund: Neben Goethes »Faust« und Schillers »Wilhelm Tell« ist William Shakespeares »Hamlet« das Drama, das für die meisten geflügelten Worte in deutscher Zunge sorgte, ob es »Sein oder nicht sein« ist oder »Der Rest ist Schweigen«. Auch **»Etwas ist faul im Staate Dänemark«** stammt aus »Hamlet«. Der Offizier Marcellus sagt im Original »Something is rotten in the state of Denmark«. Unser geflügeltes Wort ist eine wörtliche Übertragung, die auf eine falsche Spur führt. Mit »Denmark« ist bei Shakespeare ganz offensichtlich nicht das Land, sondern vielmehr die Titelfigur Prinz Hamlet von Dänemark gemeint. Sein Geisteszustand (»state«) wird von Marcellus als zumindest angegriffen (»rotten«) beurteilt.

DELPHI

»wie das Orakel von Delphi sprechen« / »ein delphisches Orakel sein«

Bedeutung: die Gabe der Vorsehung besitzen oder zu besitzen scheinen oder auch: zweideutig sprechen
Hintergrund: In den griechischen Bergen, nördlich des Golfs von Korinth, liegt der Ort Delphi, ein wegen der alten Tempel- und Orakelstätte sehr beliebtes Touristenziel. Dort soll der Gott Apollo einen

Drachen besiegt und damit die Herrschaft über das alte Heiligtum der Erdmutter Gaia übernommen haben.

Hier residierte in der Antike die Pythia, eine hochgeachtete Seherin, vielleicht berauscht von den Dämpfen, die an diesem Ort aus der Erde emporstiegen. Wer immer Fragen an sie hatte, opferte erst dem Apoll, überreichte den Priestern der heiligen Stätte eine Spende und sprach schließlich seine Frage aus. Die Pythia antwortete – allerdings durchweg rätselhaft, doppeldeutig und missverständlich. Als König Krösus fragte, ob er die Perser angreifen solle, sagte sie: »Wenn du gegen die Perser kämpfst, wirst du ein großes Reich zerstören.« Krösus begann den Krieg und zerstörte ein großes Reich – sein eigenes. Die Perser siegten nämlich. Die Pythia hatte die Wahrheit gesagt, aber der König hatte nur verstanden, was er verstehen wollte.

Ebenso tragisch gingen Versuche aus, einer schrecklichen Prophezeiung des delphischen Orakels zu entgehen, etwa mit Vatermord und Blutschande wie im Fall von Ödipus. Hätte man das Orakel nicht befragt oder den Orakelspruch nicht weiter beachtet, wäre die Tragödie nicht geschehen.

Deshalb changiert der Sinn der Redewendungen rund um das delphische Orakel zwischen der Anerkennung von geradezu hellseherischen Fähigkeiten und der Kritik an rätselhafter Rede.

DERBY

»ein (Lokal-, Revier-, Franken-)Derby austragen«

Bedeutung: ein besonders aufgeladenes Ballspiel, meist im Fußball, austragen, in dem Mannschaften aus einer Stadt (Lokalderby), aus benachbarten Städten (Derby) oder Regionen (Regional-, Nord-, Süd-Derby etc.) gegeneinander spielen

Hintergrund: Mit gewisser Wahrscheinlichkeit spielten bei der Entstehung der Redensart zwei sehr unterschiedliche Sportereignisse eine Rolle. Da ist zuerst eine Art Massen-Ballspiel mit bis zu 1000 Teilnehmern, das im Ort Ashbourne in der Grafschaft Derbyshire seit dem 12. Jahrhundert stattfindet. Beide Mannschaften kommen aus dem Ort, die eine aus dem oberen, die andere aus dem unteren Teil. So handelt es sich im eigentlichen Sinne um ein Lokalderby, ähnlich wie beim ersten modernen Fußball-Derby zwischen Notts County und Nottingham Forest 1866 oder heute bei einem Spiel Bayern München gegen 1860 München. In diesem Sinn kam der Begriff »local derby« in England in der zweiten Hälfte des 19. Jahrhunderts für Fußballspiele auf.

Gut möglich ist aber auch, dass »local derby« vom berühmten Epsom Derby beeinflusst wurde, einem Pferderennen, das seit 1780 stattfindet, nach Lord Derby benannt ist und als »The Derby« berühmt wurde. Vielleicht sollte die Übertragung des Begriffs aus dem hochgeachteten Pferdesport auf den damals noch um Anerkennung ringenden Fußball das Spiel aufwerten.

DYSART *siehe* »Das Modell ›Eulen nach Athen tragen‹«, S. 71

ECHTERNACH

»Das geht zu wie bei der Echternacher Springprozession«

Bedeutung: Statt einer klaren Vorwärtsentwicklung gibt es immer wieder Rückschritte, es ist eher ein Hin und Her als ein Vorwärtskommen.

Hintergrund: Seit 2010 ist die Echternacher Springprozession in Luxemburg immaterielles Weltkulturerbe und mit 8000 bis 9000 Springern eine Großveranstaltung. Ob sie, wie es die Legende und die Stadthistoriker vermuten, auf die Zeit der Karolinger zurückgeht? Kurz nach dem Tod des heiligen Willibrord (658–739) in Echternach gab es jedenfalls Pilgerfahrten zu seinen Ehren und zu seinem Grab. Spätestens im 11. Jahrhundert wird ein Dreisprung erwähnt, ebenfalls im Zusammenhang mit Bitt- und Bußgängen zu Ehren Willibrords.

An anderen Orten gab und gibt es übrigens ähnliche, längst nicht so bekannte Springprozessionen. Man vermutet einen Zusammenhang mit der Erbkrankheit

Chorea Huntington, die den sogenannten Veitstanz auslöst, oder mit einer Viehseuche, die Tiere zu seltsamen Sprüngen veranlasste und bald zum Tod führte. Das könnte die ungewöhnliche Form der Prozession erklären. Von einem Zurückschreiten oder -springen wie in der Redewendung ist in den Quellen indes keine Rede. Allerdings wird immer wieder eine Vorwärts-rückwärts-Schrittfolge erwähnt. Die Springprozession, die jährlich am Dienstag nach Pfingsten stattfindet, ist jedoch keineswegs streng geregelt. Wie viele Schritte man wie macht, hat sich immer wieder gewandelt, auch Familien- oder Ortstraditionen beeinflussen die Schrittfolge. So erklären sich die unterschiedliche Anzahl der Schritte und ihre Richtung nach rechts und links oder vor und zurück. Zwischendurch bleibt man stehen zum Gebet oder Lied, bis man am Grab des heiligen Willibrord anlangt.

Genauso variantenreich wie die Schritt- und Springfolge ist auch die Redewendung. Sie kam erst im 19. Jahrhundert so richtig in Mode, vor allem in den Medien und der Politik. Die seltsame Gangart, die nur ein langsames Vorwärtskommen erlaubte, sowie die auftretenden Stauungen der großen Prozession, die zu einem Springen auf der Stelle oder gar einem Zurückweichen führte, ließen sich leicht übertragen auf ein mühevolles Fortkommen oder ineffizientes Vorgehen.

FLANDERN

»aus Flandern sein«

Bedeutung: flatterhaft, nicht treu sein, viele Liebschaften haben
Hintergrund: Vor allem die Reimmöglichkeit mit »andern« und »wandern« machte aus der schönen belgischen Landschaftsbezeichnung schon sehr früh eine Redewendung, die auf Untreue hinwies. So findet man im 16. Jahrhundert bei Hans Sachs das Verspaar: »Wann (Denn) diese Bübin ist von Flandern, /Sie gibt ein' Buben um den andern.« Und wenig später heißt es auch bei Hans von Schweinichen »... ich bin von Flandern, gebe eine um die andern«. Der Gleichklang des alten Wortes »flandern« oder »fländern« unterstützte die Redensart noch, denn es hieß nicht nur »spritzen« oder »wehen«, sondern auch »flattern«. Und Flatterhaftigkeit ist die Untreue schlechthin.

FRANKREICH

siehe auch »Das Modell ›Eulen nach Athen tragen‹«, S. 71

»leben wie Gott in Frankreich«

Bedeutung: besonders angenehm leben, luxuriös und ohne Pflichten
Hintergrund: Die Vorstellung, dass Götter und Menschen an bestimmten Orten besonders gut lebten, ist alt. In der Antike war beispielsweise die fruchtbare Insel Chios, direkt vor der kleinasiatischen Küste gelegen, sprichwörtlich für Wohlleben, sodass man man vom **»Leben/Essen wie auf Chios«** sprach, wenn man höchstem Behagen Ausdruck verleihen wollte.

Das Modell wird im Dienste der Touristenwerbung vielfach kopiert. Am bekanntesten in Deutschland ist aber ohne Zweifel die Redensart **»leben wie Gott in Frankreich«**. Spätestens 1773 findet sich die Redewendung in Moritz August von Thümmels Schiller-Szenen-Parodie »Die Königin Elisabeth von England und Maria Stuart. (Eine Burleske im Berliner Dialekt)«. Dort spricht Königin Elisabeth am Ende: »Lof Se man, lof Se man, Sie is mie gewiß. / Ich hab' ihr gezeigt, was 'ne Hacke ist. / Nun bin ick vergnügt un ufgereimt zugleich. / Mich is zu Muth wie unsern Herrgott in Frankreich ...«

Damit ist eine häufig zu hörende und an sich plausible Erklärung hinfällig, dass die Redensart auf die Französische Revolution, deren Kult der Vernunft und die Entmachtung Gottes zurückgehe, der nun nichts mehr zu tun gehabt habe, als heiter und angenehm zu leben. Thümmels Werk erschien 20 Jahre zuvor und bezog sich sicher auf eine schon lange gebräuchliche Redewendung.

Ähnlich unwahrscheinlich ist die immer wieder behauptete Herkunft aus dem Mund Maximilians I., dessen Worte erst 200 Jahre später, am Ende des 17. Jahrhunderts aufgeschrieben wurden und nur mit Mühe auf die Redewendung bezogen werden können.

VIVE LA FRANCE

Maximilian soll gesagt haben: »Wenn es möglich wäre, dass er Gott sein könnte und zween Söhne hätte, so müsste mir der älteste Gott nach mir und der andere König in Frankreich sein.« Davon abgesehen, dass die Überlieferung nicht sehr verbreitet war, scheint der Sprung von dieser Aussage zur Redensart zu weit zu sein.

Wahrscheinlicher ist das Fortleben des antiken Grundmodells, das ja auch in Dutzenden deutscher Redewendungen zu finden ist: leben wie die Made im Speck, wie ein Domherr, wie ein Matador, wie der Papst von Lenzen, wie ein Graf, wie ein Pfeifer in der Garküche, wie eine Laus im Grind, wie eine Maus auf dem Kornboden. In dieses Modell wurde Frankreich als reiches und kultiviertes Land eingesetzt. Bedenkt man, dass man geistlichen Herren in diesem Land besonders luxuriöses Leben zuschrieb und um 1500 schon sagte **»leben wie ein (geistlicher) Herr in Frankreich«**, erscheint der Übergang zu »(Herr-)Gott« wahrscheinlich.

GRANADA

»Hier sieht's aus wie das Nachtlager von Granada.«

Bedeutung: Hier sieht es sehr unordentlich aus.
Hintergrund: 1834 wurde Conradin Kreutzers zweiaktige Oper »Das Nachtlager in Granada« uraufgeführt, die auf dem gleichnamigen Schauspiel Friedrich Kinds beruhte. Die Handlung spielt Mitte des 16. Jahrhunderts in Spanien. Der spanische Regent gerät bei einem Jagdausflug unter Hirten und bittet sie inkognito um eine Übernachtungsgelegenheit. Dieser als komisch empfundene Kontrast zwischen der Herrscherfigur und dem titelgebenden, ärmlichen Nachtlager bei einem Hirten sowie der große Erfolg der Oper waren verantwortlich für das Aufkommen der Redewendung.

HELLESPONT *siehe* »Das Modell ›Eulen nach Athen tragen‹«, S. 71

HOLLAND

»Da/dann ist Holland in Not.«

Bedeutung: Dann ist man in großer Bedrängnis, Gefahr, in einem Schlamassel.

Hintergrund: Die Redewendung ist nicht mehr oft zu hören, aber in der Umgangssprache durchaus noch. Mit guten Gründen sieht man den Ursprung auch im früher sehr beliebten alten holländischen Sprichwort: »Bijt him een vloo, soo is Holland in last«, auf Deutsch: »Beißt ihn ein Floh, dann ist Holland in Not.« Dabei ist zu bedenken, dass der Ausdruck »Holland in last« besonders für große Überschwemmungen gebraucht wurde. Das Sprichwort verspottet also Überempfindliche, die einen damals ganz üblichen Flohbiss mit einer katastrophalen Überschwemmung gleichsetzen. In westdeutschen Gegenden übernahm man den Ausdruck von **»Holland in Not«** für eine schlimme Lage.

KARTHAGO

»Ceterum censeo (Carthaginem esse delendam).« / »Im Übrigen bin ich der Meinung, (dass Karthago zerstört werden muss).«

Bedeutung: Etwas ist eine immer wieder vorgebrachte, hartnäckig verteidigte Ansicht.

Hintergrund: Cato der Ältere soll seine Reden im Senat immer mit dem Satz abgeschlossen haben: **»Ceterum censeo Carthaginem esse delendam.«** Er betonte damit, dass man die für Rom gefährlichen Phönizier nur durch Zerstörung ihrer Hauptstadt Karthago ausschalten könne.

Nicht zuletzt seine eindrucksvolle Einbindung in den Asterix-Band »Die Lorbeeren des Cäsar« machte den über Jahrhunderte als Merksatz für den AcI bei allen Latein Lernenden beliebten, dann aber seltener

werdenden Ausdruck wieder bekannter. Er wird häufig nur in verkürz-
ter Form mit den ersten Wörtern – **»Ceterum censeo«** – zitiert.

Der im heutigen Tunesien gelegenen Stadt begegnet man gelegentlich
auch in einer mehr oder weniger genauen Zitierung von Bertolt Brechts
Zeilen aus seinem Text »Offener Brief an die deutschen Künstler und
Schriftsteller« vom 26.9.1951: »Das große Karthago führte drei Kriege.
Nach dem ersten war es noch mächtig. Nach dem zweiten war es noch
bewohnbar. Nach dem dritten war es nicht mehr aufzufinden.«

KORINTH

»ein Korinthenkacker sein«

Bedeutung: ein besonders pentibler, übergenauer Mensch sein, der Ne-
bensächlichkeiten und Details zu wichtig nimmt
Hintergrund: Die Stadt Korinth war bereits in der Antike sprichwörtlich für ihre Sittenlosigkeit. So bezeichneten die alten Griechen mit
dem Ausdruck **»wie ein Korinther leben«** oder **»verdorben wie ein
Korinther«** Menschen, die locker bis liederlich lebten. Die Hafen- und
Tempelstadt galt außerdem als teuer, sodass man sagte: **»Nicht jeder
kann sich eine Reise nach Korinth leisten.«** Und: **»Nicht jede Sache
ist die Reise nach Korinth wert.«** Die Briefe des Paulus an die Korinther beziehen sich teils auch auf diese Gegebenheiten.

Der Ausdruck **»Korinthenkacker«** hat nur indirekt mit der griechischen Stadt zu tun: In Deutschland ist seit dem 15. Jahrhundert die
getrocknete Weinbeere, vor allem die kleinere, schwärzliche Variante,
auch als »Korinthe« bekannt, weil die Hafenstadt für ihre Ausfuhr
sehr wichtig war. Hieraus entwickelte sich in der Umgangssprache des
19. Jahrhunderts der derbe Scherzausdruck für Penibilisten. Vergleich-
bare Wendungen wie **»I-Tüpfelchenscheißer«** machen deutlich, dass
man sich diese Menschen als solche vorstellte, die noch auf dem Lokus
immer genau gleiche Kötel in Korinthen- oder I-Tüpfelchengröße produ-
zierten.

Eine Zeit lang waren auch **»die bösen Buben von Korinth«** sprichwörtlich für üble Lausejungen. Wilhelm Busch widmete ihnen die
Bildergeschichte »Diogenes und die bösen Buben von Korinth«.

LAKONIEN *siehe* **Sparta**

LAPPLAND *siehe* »Das Modell ›Eulen nach Athen tragen‹«, S. 71

MADEIRA *siehe* »Das Modell ›Eulen nach Athen tragen‹«, S. 71

MADRID

»fern von Madrid«

Bedeutung: weitab vom Schuss, ausgebootet sein
Hintergrund: In Friedrich Schillers Drama »Don Karlos« wird in der sechsten Szene des ersten Aktes die Hofdame Mondecar von König Philipp II. streng bestraft. Er sagt: »Deswegen / Vergönn ich Ihnen zehen Jahre Zeit, / Fern von Madrid darüber nachzudenken.« Zehn Jahre Verbannung vom Königshof für eine kurze Unaufmerksamkeit – sie war einen Moment nicht bei der Königin gewesen! Das Missverhältnis prädestinierte den Ausdruck dafür, ein geflügeltes Wort zu werden.

PS: Die Herkunft des berühmten Fußballerspruchs »Madrid oder Mailand – Hauptsache Italien«, der Andreas (»Andy«) Möller zugeschrieben wird, konnte man bislang nicht mit einer sicheren Quelle nachweisen.

MALLORCA *siehe* »Das Modell ›Eulen nach Athen tragen‹«, S. 71

MARATHON

»Das ist ein echter Marathon.«

Bedeutung: Das ist besonders schwierig, dafür braucht man einen langen Atem.
Hintergrund: Im Jahr 490 vor unserer Zeitrechnung besiegten die Griechen ein scheinbar übermächtiges persisches Invasionsheer bei Marathon, etwa 40 Kilometer von Athen entfernt. Eine erst 500 Jahre später überlieferte Anekdote berichtet, der Läufer Pheidippides habe die Sie-

gesnachricht im Dauerlauf nach Athen gebracht. Dort sei er nach Überbringung der Nachricht tot zusammengebrochen.

Als die ersten Olympischen Spiele der Neuzeit veranstaltet wurden, erfand man in Erinnerung an die sagenhafte Tat als neue Disziplin den Marathonlauf. Der erste Sieger in dem gut 40 Kilometer weiten Lauf wurde auch noch ein Grieche, was die Disziplin zusätzlich populär machte. Der Marathonlauf blieb über Jahrzehnte die längste Strecke bei den Laufwettbewerben der Olympischen Spiele und konnte so sprichwörtlich werden für eine Extremherausforderung.

METZ *siehe* »Das Modell ›Eulen nach Athen tragen‹«, S. 71

NEAPEL

»Neapel sehen und sterben«

Bedeutung: Es gibt nichts Schöneres als Neapel. Wer es gesehen hat, kann also beruhigt sterben.

Hintergrund: Schon Goethe zitierte das Sprichwort auf Italienisch in seiner »Italienischen Reise«. Dort heißt es unter dem Datum 2. und 3. März 1787: »Von der Lage der Stadt und ihren Herrlichkeiten, die so oft beschrieben und belobt sind, kein Wort. ›Vedi Napoli e poi muori!‹ sagen sie hier. ›Siehe Neapel und stirb!‹«

Wie der Dichter, so sahen viele vor ihm Neapel als die schönste aller Städte an, und darauf baut das sicher deutlich ältere Sprichwort auf: Wer Neapel gesehen hat, kann sich beruhigt aufs Sterbebett legen, denn Schöneres wird nicht mehr kommen. Das Königreich Neapel, das vom hohen Mittelalter an und bis in die Zeit Napoleons existierte, mag mit seinem Reichtum ebenfalls zur Etablierung dieses Sprichworts beigetragen haben.

Vielleicht hat sich daneben auch die bedeutende antike Überlieferung ausgewirkt. Sowohl in Vergils berühmtem Epos über den trojanischen Helden Aeneas als auch in den »Fabulae« des römischen Gelehrten Hyginus finden Helden nahe Neapel den Eingang zum Hades, also zum Totenreich, am Lacus Avernus bei Cuma nämlich. Der See gehört zu dem vulkanisch geprägten Gebiet der Phlegräischen Felder bei Pozzuoli, das selbst wiederum zur Metropolregion Neapel gehört. Das Sprichwort war in der Antike allerdings noch nicht gebräuchlich, dafür war damals die Vorstellung lebendig, dass die Toten hinter Neapel den Eingang zur Unterwelt finden könnten.

Definitiv falsch ist eine oft zu lesende Behauptung: Sie erwähnt den kleinen Ort Mori oder Muori, der hinter Neapel liege. Dessen Name klingt ähnlich wie das italienische Wort für Sterben. Deshalb sage man: **»Erst kommt Neapel, dann Mori/Muori (Sterben).«** Freilich konnte man bislang keinen Ort dieses Namens finden. Zudem widerspräche diese simple und bescheidene Erklärung auch dem sprichwörtlichen Stolz der Neapolitaner auf ihre Stadt.

NEWCASTLE *siehe* »Das Modell ›Eulen nach Athen tragen‹«, S. 71

NORWEGEN *siehe* »Das Modell ›Eulen nach Athen tragen‹«, S. 71

OLYMP

»auf dem Olymp«

Bedeutung: an der Spitze, auf dem Höhepunkt, am Optimum
Hintergrund: Sogar von einem »Olymp der Bilanzierung« konnte man 2002 in der »Süddeutschen Zeitung« lesen, und man versteht als Leser: Hier geht es um ein erstrebenswertes Ideal, um die bestmögliche Art der Bilanzierung.

Hinter dieser und vergleichbaren Redewendungen steckt der knapp 3000 Meter hohe Berg in Thessalien, den wir unter dem Namen »Olymp« kennen. Seit der Antike ist er als Sitz der griechischen Götter bekannt. So handelte es sich also beim Olymp um einen Höhepunkt im doppelten Sinn: der höchste Berg Griechenlands und der höchste zu erreichende Platz, nämlich unter den Göttern. In diesem Sinne bezeichnet man z. B.

Goethe auch als »Olympier«, um ihn als bedeutendsten deutschen Dichter hervorzuheben. In einem Theater mit Rängen bezeichnet »Olymp« oft auch den obersten Rang, wo sich freilich die billigsten Plätze befinden. Genau mit dieser Bedeutung spielt der Titel des Filmklassikers »Kinder des Olymp«, der in Theaterkreisen spielt.

OLYMPIA

»eine olympiareife Leistung«

Bedeutung: eine hervorragende, meist sportliche Leistung
Hintergrund: In der Antike fanden in vielen griechischen Stadtstaaten sportlich-kultische Wettkämpfe statt, meist lokalen oder überregional verehrten Gottheiten gewidmet. Nur die Festspiele zu Ehren des Zeus in Olympia sind bis heute bekannt. Das liegt einerseits an ihrer jahrhundertelangen Tradition – 776 v. Chr. bis 394 n. Chr. – und ihrer großen Bedeutung, andererseits an ihrer erfolgreichen Erneuerung im Jahre 1894. Als nun internationaler Sportwettkampf wurden die modernen Olympischen Spiele zu einer Art Weltmeisterschaft in vielen Sportarten. Insofern ist es verständlich, dass erst hervorragende Sportergebnisse als **»olympiareife Leistung«** bezeichnet wurden, später auch andere Bestleistungen. Allerdings wurde die Redewendung bald auch ironisch verwendet: für besonders schlechte Leistungen.

Kleiner Hinweis für Klugscheißer: Immer wieder macht man sich über die gängige Praxis lustig, die Olympischen Spiele einfach auch als »Olympiade« zu bezeichnen, obwohl dieser Ausdruck doch nur den vierjährigen Abstand zwischen zwei Olympischen Spielen bezeichne. Das ist grundsätzlich korrekt, freilich findet sich schon in der Antike der so belächelte Gebrauch, beispielsweise bei Pindar.

PARIS

siehe auch Leipzig, Münster, Sachsenhausen, »Das Modell ›Eulen nach Athen tragen‹«, S. 71

»das Paris des Ostens / Nahen Ostens« etc. sein

»Paris ist eine Messe wert.«

»Ganz Paris träumt von der Liebe.«

»Uns bleibt immer noch Paris.«

»Good Americans when they die go to Paris.«

Hintergrund und Bedeutung: Paris ist eine der erstaunlichsten Städte der Erde. Allein ihr Name ruft überall auf der Welt zahllose Bild-, Klang-, Ideen- und Liedassoziationen hervor, von denen die meisten positiv sind. Im hohen Mittelalter als Gelehrtenmetropole berühmt, galt die Stadt spätestens ab dem 17. Jahrhundert als Mode-Mekka und Hauptstadt der Eleganz. Angeblich ähnlich modebewusste und elegante Städte nannte man dementsprechend sprichwörtlich **»Paris des Ostens«**, so u. a. Athen, Warschau, Prag, Tiflis, Irkutsk oder Shanghai. Beirut kürte man zum **»Paris des Nahen Ostens«**, Tromsø zum **»Paris des Nordens«**, Bordeaux, aber auch Buenos Aires zum **»Paris des Südens«**, San Francisco zum **»Paris des Westens«**, Leipzig oder Bukarest lobte man dagegen als **»Klein-Paris«** bzw. **»Little Paris«**.

Unter Gebildeten – und das auch international – hält sich das geflügelte Wort: **»Paris ist eine Messe wert.«** Oft nur als unspezifisches Lob für etwas verwendet oder als Kritik an einer labilen Gesinnung, schreibt man das Zitat Heinrich von Navarra zu, der 1589 zum katholischen Glauben übertreten musste, um König von Frankreich werden zu können. Für den geistreichen Protestanten, der damit König Heinrich IV. wurde, wäre so ein Bonmot durchaus passend. Freilich war er zuvor schon einmal gezwungenermaßen zum Katholizismus konvertiert und hatte sich davon wieder losgesagt, woraufhin ihn der Papst exkommunizierte und diesen Bann erst 1591 wieder aufhob. So spricht viel gegen Heinrich als Urheber der Redensart. Wahrscheinlicher ist da schon sein Berater Maximilian von Béthune, Baron von Rosny, der Bonmots schätzte. Vielleicht waren es aber doch Hugenotten oder Katholiken, die sich über den Religionswechsel ärgerten und damit den König als käuflich kritisierten? Es fehlen leider verlässliche historische Quellen.

Spätestens im 19. Jahrhundert spricht man von Paris durchweg mit Bewunderung und in leicht anzüglichem Ton, denn Lieder, Gedichte und Romane preisen es als Stadt der Liebe, der Liebeskunst und der käuflichen Liebe. Kein Wunder, dass Präservative als »article de Paris« oder »Pariser Gummiwaren« gehandelt wurden, woher unser Kurzname **»Pariser«** für Kondome kommt.

Weitere geflügelte Worte bieten Anlass zu schönsten Nebenideen. So kennt man in angelsächsisch geprägten Ländern **»I love Paris in the springtime«** bei uns **»Ganz Paris träumt von der Liebe«**, und wer tröstende Liebesworte sagen will, greift gern zu: **»Uns bleibt immer noch Paris.«** Dieses geflügelte Wort stammt aus dem Film »Casablanca«, in dem der heldenmütig entsagende Rick seine verzweifelte Ilsa bei der endgültigen Trennung auf die unvergessliche Liebeszeit in der Seine-Metropole als unauslöschlichen Trost verweist: »We'll always have Paris.«

Bürger und Bauern in ganz Europa beschimpften Paris allerdings auch als Sündenbabel und charakterverderbend. So sagte man im 19. Jahrhundert bei uns als Sprichwort: **»Paris empfängt Bauern/Arbeiter und gibt Stutzer/Bummler zurück.«** In Polen bezog man sich eher auf den Ruf als Zentrum der Kulinarik, wenn man meinte: **»Auch in Paris macht man nicht aus Hafergrütze ein Reisgericht.«** Hierbei handelt es sich einerseits um eine Unmöglichkeitsformel – aus dem einfachen Hafer- kann nun einmal kein exquisites Reisgericht werden. Andererseits kann man damit meinen, dass selbst in Paris aus derben Zutaten nichts Feines gemacht werden kann. So kann das Sprichwort als grobe Abfuhr eingesetzt werden.

Wie wäre es noch mit einem schönen Satz aus dem englischsprachigen Raum? Dort hört man schon lange: **»Good Americans when they** die go to Paris.« Angeblich soll das geflügelte Wort von Oscar Wilde stammen, der es in »Das Bildnis des Dorian Gray« und »Eine Frau ohne Bedeutung« verwendet. Allerdings taucht es zuvor schon 1853 bei Oliver Wendell Holmes in seinem Buch »Der Autokrat an der Frühstückstafel« auf, der es wiederum seinem Freund Thomas Gold Appleton zuschreibt. Je nach Ton kann man mit »Gute Amerikaner, wenn sie sterben, gehen nach Paris« Paris loben, sich über die naiven Amerikaner lustig machen, sie als kultiviert preisen und noch vieles mehr.

Weil's so ein feines geflügeltes Wort ist und so oft falsch zugeordnet wird, gibt es zum Schluss noch: **»London is a riddle. Paris is an explanation.«** Zu Deutsch: »London ist ein Rätsel. Paris ist eine Erklärung.« Das weist man gern Ernest Hemingway zu, aber es stammt von Gilbert Keith Chesterton, der die Formulierung in seinem Essay »Two Cities« verwendete.

PARNASS

»sich auf dem Parnass befinden«
»auf dem Parnass anlangen«

Bedeutung: sich auf dem Höhepunkt befinden, auf dem Höhepunkt anlangen

Hintergrund: Der Parnass oder Parnassus ist ein Bergmassiv in Griechenland, nördlich des Golfs von Korinth, an dessen südwestlichem Fuß Delphi liegt. Das ganze Gebiet galt in der griechischen Antike als heilig und war dem Gott Apoll geweiht. Da man es auch für die Heimat der Musen hielt, wurde es zum Sinnbild für das höchste Ziel aller Künstler.

PHILIPPI

»Bei Philippi sehen wir uns wieder!«

Bedeutung: Warte nur ab, ich werde es dir bald zeigen!

Hintergrund: Es handelt sich um ein geflügeltes Wort, das vor allem Bildungsbürger oder Theaterleute gern verwenden. Es stammt aus dem

Shakespeare-Stück »Julius Cäsar«: Im vierten Akt, 3. Szene erscheint der Geist des ermordeten Cäsar einem seiner Mörder, Brutus. Als dieser ihn fragt, warum er gekommen sei, antwortet der Geist: »Um dir zu sagen, dass du zu Philippi mich sehn sollst.« Bei dieser Stadt im Osten Makedoniens erlitt Brutus zwei Jahre nach dem Mord an Cäsar eine schwere Niederlage und tötete sich danach selbst. Schon in der Antike konnte man bei Plutarch von der Drohung des Geistes lesen, doch erst Shakespeares Stück machte den Satz berühmt und in der Form **»Bei Philippi sehen wir uns wieder!«** als Drohung geläufig.

PISA

»unter dem PISA-Schock leiden«
»In Pisa gibt es nichts Gerades/Rechtes.«

Hintergrund und Bedeutung: Mit der berühmten italienischen Stadt hat die PISA-Studie und der daraus resultierende, sprichwörtlich gewordene **»PISA-Schock«** nichts zu tun – na ja, fast nichts. Für wichtige Studien wählt man gern Namen, die einen guten Klang haben. So war es auch beim »Programme for International Student Assessment«, in dessen Rahmen die Organisation für wirtschaftliche Zusammenarbeit und Entwicklung (OECD) seit dem Jahr 2000 in unterschiedlicher Weise Schülerfähigkeiten untersucht.

Nach der Veröffentlichung der ersten Ergebnisse erlitt Deutschland 2001 den »PISA-Schock«, eine Wendung, die vor allem in den Medien verwendet wurde. Deutschland landete nämlich im internationalen Vergleich in vielen Gebieten nur im Mittelfeld, und auf nationaler Ebene ergaben sich eklatante Unterschiede zwischen den Bundesländern.

Ob die Initiatoren diese Schieflage Deutschlands ahnten und deshalb die Stadt des schiefen Turms als Bezugspunkt für das Akronym der Studie nahmen? Ohne Frage ist das schräge Bauwerk eines der berühmtesten der Welt. Und so verwundert es nicht, dass nicht nur in Italien, sondern auch in anderen Ländern sprichwörtliche Wendungen zum schiefen Turm entstanden. So heißt es in Deutschland nach einem alten italienischen Sprichwort: **»In Pisa gibt es nichts Gerades/Rechtes.«** Das ist so falsch nicht, denn auch andere Baulichkeiten weisen dort eine Schlagseite auf, was an dem nachgiebigen Untergrund der Stadt liegt. Gleichwohl geht es hier um eine übertragene Bedeutung: Man solle bei lauter Schiefheiten nichts Gerades erwarten. Oder auch: Wo etwas so Prominentes schief ist, kann man damit rechnen, dass anderes ebenfalls ungerade ist.

Leider ausgestorben ist der schöne Zwischenruf mitten in tändelnde Dialoge hinein **»Pisa!«**, mit dem Anstandsdamen, Tanten und Mütter ihre jungen weiblichen Schutzbefohlenen unauffällig auf das Beispiel des schiefen Turmes hinwiesen: »Zeige dich geneigt, aber falle nicht.«

POLEN

»polnische Wirtschaft«

»polnischer Reichstag«

»Hier/Jetzt/Dann ist Polen offen!«

»Noch ist Polen nicht verloren.«

Hintergrund und Bedeutung: Obwohl das NS-Regime die ersten drei stehenden Wendungen propagandistisch ausschlachtete, ist ihr Ursprung viel früher zu finden. Polen war im späten Mittelalter eine der Großmächte Europas. Äußere Feinde und innere Zerrissenheit führten aber zu einem langsamen Niedergang, dessen Tiefpunkt 1795 erreicht war, als Polen vollständig zwischen Österreich, Preußen und Russland aufgeteilt wurde und ab da 123 Jahre lang von der Landkarte verschwand.

Bis heute halten sich im Deutschen drei sprichwörtliche Redensarten, die mit dieser Entwicklung zu tun haben. Für den Ausdruck **»polnische Wirtschaft«**, der chaotische Zustände aufs Korn nimmt, Faulheit und Unsauberkeit anprangert, hat Hubert Orlowski diese Zusammenhänge in einer bewundernswerten, über 500 Seiten starken Studie detailliert nachgewiesen.

Er zeigt, dass die Redewendung eine Weiterentwicklung einer älteren ist, die ebenfalls eine spöttisch-negative Bedeutung hatte, europaweit beliebt wurde und als Modell für »polnische Wirtschaft« dienen konnte, nämlich »polnischer Reichstag«. Über die Eigenheiten polnischer Reichstage wunderten sich viele Europäer, denn sie zeichneten sich für die Beobachter von außen vor allem durch offenen und lauten Streit einerseits, andererseits durch ihre Ergebnislosigkeit aus. Ein einziges Veto nämlich genügte, langwierig erstrittene Verhandlungsergebnisse zunichte zu machen. Seit etwa 1700 verbreitete sich die Redewendung im Deutschen, wo sie heute kaum noch zu hören ist, aber auch ins Schwedische und Finnische, wo man auch aktuell mit **»polnischer Reichstag«** stürmische Versammlungen ohne Ergebnis bezeichnen kann.

»Polnische Wirtschaft« entstand offenbar deutlich später. Dabei war die erste Teilung Polens 1772 wichtig, in deren Folge polnische Ländereien unter preußische Verwaltung gerieten. Die zuständigen Beamten schilderten die polnische Wirtschaft in ihren Berichten nach Berlin als besonders rückständig, wohl auch, um mehr Zeit für deren Reform zu gewinnen. Den Kontrast zwischen dem vergleichsweise modernen Preußen und dem weit weniger entwickelten Polen beurteilte man damals – es war die Zeit der Aufklärung – als eine Folge des inneren Zwists und der äußeren Bedrohung und nicht als eine nationale Eigenheit. Später verwendete auch der Weltreisende und Revolutionär Georg Forster die Wendung »polnische Wirtschaft«, wenn er in seinen vielen Briefen über den schlechten Zustand des Landes im Kleinen wie im Großen berichtete. Neben Unordnung und Chaos verknüpfte er nun auch Faulheit und Unreinlichkeit mit dem Ausdruck. Nachdem Forsters Briefe 1829 gedruckt worden waren, zitierten ihn Politiker und Autoren von Wörterbüchern oder Lexika und die Redewendung verbreitete sich deutschlandweit.

»Hier ist Polen offen« findet sich hingegen erst in einem schlesischen Wörterbuch von 1855, wenig später auch **»Polen ist offen«** und weitere Varianten, die alle bedeuteten, dass etwas in Unordnung bzw. schlecht sei oder dass alles mögliche Schlechte geschehen könne. Der Zusammenhang mit den Redewendungen »polnischer Reichstag« und »polnische Wirtschaft« ist eindeutig. Ein weiterer Aspekt ist die komplette Auflösung der Staatlichkeit des Landes im Jahr 1795. Polen stand jetzt schutzlos jedweden Eingriffen von außen gegenüber – es war eben offen. Heute kann man die Redewendung je nach Ton und Situation als Verzweiflungsruf **»Jetzt ist Polen offen!«**, als Beschreibung von Unordnung – »Hier ist Polen offen!« – oder als eine Drohung verwenden: **»Wenn du so weitermachst, dann ist Polen offen!«**

In solchen Fällen bleibt nur die Hoffnungsmaxime **»Noch ist Polen nicht verloren«**. Es handelt sich um die erste Zeile eines Liedes, das kurioserweise in Italien gedichtet wurde – von Joseph Wybicki. Er reagierte damit auf die Nachricht, dass einer der Anführer des Aufstandes der Polen 1794, Tadeusz Kościuszko, nach seiner Verwundung und Gefangennahme gerufen haben soll: »Finis Poloniae.« Also: »Das (ist das) Ende Polens.« Um die nach Italien geflohenen Kämpfer unter General Henryk Dombrowski aufzurichten, dichtete Wybicki sein Lied. Es wurde europaweit, ja weltweit bekannt und entwickelte sich zu einer Art Freiheitshymne der Unterdrückten, später zur Nationalhymne Polens. Als geflügeltes Wort im Sinne von »noch muss man die Hoffnung nicht verlieren« hat sich »Noch ist Polen nicht verloren« international durchgesetzt.

POTEMKINSCHE DÖRFER

»Das sind nur potemkinsche Dörfer.«

Bedeutung: Das ist nur Fake, Betrug, täuschende Fassade.
Hintergrund: Die Geschichte der Redewendung ist selbst eine Art **»potemkinsches Dorf«**, die auf die Gegner des bedeutenden, eitlen, erfolgreichen, besitzhungrigen, gehassten russischen Fürsten und Feldherrn Grigori Alexandrowitsch Potjomkin zurückgeht, der in Deutschland »Potemkin« geschrieben und in seiner Sprache »Patjomkin« gesprochen wird.

1787 soll er Zarin Katharina die Große bei einer Fahrt durch frisch eroberte und besiedelte Gebiete im sogenannten Neurussland getäuscht haben. Womit? Er ließ »... in der größten Geschwindigkeit zu beiden Seiten der Straße eine Menge Städte und Dörfer erbauen: wohl zu verstehen nur die gemalten Fassaden der Häuser«. So schrieb es August von Kotzebue 1801 in seinem Buch »Das merkwürdigste Jahr meines Lebens«. In anderen Versionen

der Geschichte heißt es, Potemkin habe darüber hinaus für ein rasches Durchfahren der Schein-Ortschaften gesorgt, um den Betrug vor der Zarin sicher zu verbergen.

Unzweifelhaft ist, dass der Fürst sich so viele Feinde gemacht hatte, dass mehr als nur diese eine vernichtende Geschichte über ihn verbreitet wurde, aber sie war die bei Weitem erfolgreichste. Möglicherweise war es neben Kotzebue der kursächsische Gesandte Georg von Helbig, der sie aus Rache in Umlauf brachte – Potemkin behandelte die Diplomaten nämlich insgesamt sehr herablassend. Da es viele glaubhafte Berichte über die gelungene Besiedlung und Urbarmachung weiter Landstriche in den durch Potemkin eroberten Gebieten gibt, gehen viele Historiker davon aus, die Betrugsanekdote sei nur erfunden.

Die Redewendung ist jedenfalls international äußerst beliebt und lebendig, was sicher damit zu tun hat, dass man schon vor und lange nach Potemkin Phänomene beobachten konnte, die bloß schöne Fassade sind – und nichts dahinter.

RHODOS

»Hic Rhodus, hic salta!« / »Hier ist Rhodos, hier springe!«

Bedeutung: Gib nicht mit Worten an, zeige, ob du wirklich so viel vermagst, wie du behauptest.

Hintergrund: Aus den bekannten Fabeln des Äsop stammt sehr viel Sprichwörtliches, ob es die Schwalbe ist, die keinen Sommer macht, der Fuchs, dem die Trauben zu sauer sind, der Löwe, der den Löwenanteil bekommt, oder eben die Rhodos-Redensart. Sie verdankt sich seiner Fabel, die den Titel »Der Angeber« oder »Fünfkämpfer Aufschneider« trägt. Äsop erzählt: Ein Fünfkämpfer, der bislang nur mäßige Leistungen präsentiert hat, verschwindet für eine Zeit und brüstet sich danach, er sei bei den Wettkämpfen in Rhodos besonders weit gesprungen. Er beruft sich auf Zeugen, die bald nachkämen. Ein Mann wendet klug ein: »Höre, wenn das die Wahrheit ist, bedarfst du nicht der Zeugen, denn hier ist Rhodos, hier springe!« Und die Fabel erklärt selbst den Sinn des geflügelten Wortes, indem sie schließt, »dass für das, was sich unmittelbar durch die Handlung zeigen lässt, jedes Wort überflüssig ist«.

ROM

siehe auch »Das Modell ›Eulen nach Athen tragen‹«, S. 71

> »Rom ist auch nicht an einem Tag erbaut worden.«
>
> »Alle/Viele Wege führen nach Rom.«
>
> »in Rom gewesen sein und den Papst nicht gesehen haben«
>
> »When in Rome do as the Romans do.«
>
> »Zustände wie im alten Rom«

Hintergrund und Bedeutung: Statt »Gut Ding will Weile haben« hört man auch oft **»Rom ist (auch) nicht an einem Tag erbaut worden«**. Der international beliebte Satz versteht sich eigentlich von selbst: Ein größeres Vorhaben darf ruhig etwas länger dauern. Und doch steckt für den Wissenden ein böser Witz in der Wendung. Rom wurde ja tatsächlich an einem Tag »erbaut«.

Der sagenhafte Stadtgründer Romulus – »7-5-3 Rom schlüpft aus dem Ei« – markierte einfach mitten in der Landschaft mithilfe einer langen, kreisförmigen Pflugfurche den geplanten Mauerverlauf und rühmte sich, hier sei der Platz für eine mächtige Stadt. Wer ihre Grenze überwinden wolle, werde sterben. Sein Zwillingsbruder Remus, der amüsiert der Stadtgründung zugesehen hatte, sprang darauf übermütig über die Furche ins »Stadtgebiet«. Romulus tötete den Eindringling. Wer diese Geschichte kennt, wird die Warnung des Sprichworts, nichts zu übereilen, noch ernster nehmen, nachdenken und sich Zeit lassen.

Ähnlich beliebt ist in zahlreichen Sprachen **»Alle/Viele Wege führen nach Rom«**. Eine kaiserliche Weisheit steckt hinter dem Sprichwort: Iulianus Apostata, der von 361 bis 363 in Rom herrschte, betonte als Christ und Philosoph in einer seiner wirkungsvollen Reden, dass man auf unterschiedlichen Wegen zur Wahrheit gelangen könne, genauso wie ein Reisender nach Athen nicht nur eine Straße zur Auswahl hätte. Die Idee leuchtete ein und wurde bald aktualisiert, indem man das Zentrum der Philosophie – Athen – durch das Zentrum der politischen Macht im Westen, also Rom, ersetzte. Die Steigerung von »Viele Wege ...« zu »Alle Wege ...« hat wohl mit der immer größer werdenden Macht und Bedeutung Roms als Sitz der Päpste seit dem hohen Mittelalter zu tun. Kein Wunder, dass man bereits im Jahr 1457 in einem Fastnachtsspiel die spöttischen Zeilen lesen konnte: **»Als sei er zu Rom gewesen und hab den babst nit gesehen.«** Auch diese Redewendung über das Verpassen des Wichtigsten findet sich in mehreren Sprachen, wobei sie nicht selten auf lokal bedeutende Städte und Sehenswürdigkeiten übertragen wurde. Bei uns heißt es beispielsweise: »in Köln gewesen sein und den Dom nicht gesehen haben«.

Um so etwas zu vermeiden, sollte man sich an eine Verhaltensregel für Touristen halten, die in Latein schon dem Kirchenvater Augustinus gegeben wurde – sie war auch bei uns bekannt, hat aber den Übergang ins Deutsche nicht geschafft, dafür ist sie im Englischen umso beliebter: **»When in Rome do as the Romans do.«** Als Fremder soll man sich am Verhalten der Einheimischen orientieren, statt sich über sie aufzuregen und auszurufen: Das sind ja **»Zustände wie im alten Rom!«**. Diese Redensart, die der Empörung über inakzeptable Zustände Ausdruck verleiht, entstand erst im 20. Jahrhundert, wohl unter Studenten. Sie bezogen sich dabei auf die Endzeit des Römischen Reichs, die als dekadent und verworren galt.

RUBIKON

»den Rubikon überschreiten«

Bedeutung: eine rote Linie überschreiten, eine schwierige Entscheidung treffen
Hintergrund: Als Cäsar den Krieg in Gallien gewonnen hatte und im Jahr 49 v. Chr. nach Rom zurückkehren wollte, hätte er nach einem Beschluss des Senats seine Truppen vor dem Überschreiten des Grenzflusses Rubikon entlassen müssen. Er tat es nicht. Der griechisch-römische Historiker Plutarch schreibt in seiner Pompeius-Biografie, dass Cäsar dabei gesagt habe: **»Der Würfel ist gefallen.«** Es folgten der Bürgerkrieg gegen Pompeius, weitere Schlachten und schließlich der drama-

tische Mord an Cäsar, weshalb **»den Rubikon überschreiten«** sich als Redewendung für einen »point of no return«, für das Überschreiten einer roten Linie (übrigens ein erst seit ein paar Jahren aus dem Amerikanischen übernommener Ausdruck) und das Treffen einer wichtigen Entscheidung einbürgern konnte.

SAINT MICHEL *siehe* »Das Modell ›Eulen nach Athen tragen‹«, S. 71

SAMOS *siehe* »Das Modell ›Eulen nach Athen tragen‹«, S. 71

SCHWEDEN

> »hinter schwedischen Gardinen sitzen«
> »Das haben die Schweden liegen gelassen.«
> »Die Schweden kommen!«
> »jemandem den/die Schweden wünschen«
> »einen Schwedentrunk vorsetzen/eingießen«
> »Alter Schwede!«

Hintergrund und Bedeutung: Seit Jahrhunderten ist Schweden berühmt für seine Erzvorkommen. Besonders Schwedenstahl wurde für seine Qualität sprichwörtlich. Kein Wunder, dass man unter Gaunern den heiteren Ausdruck **»hinter schwedischen Gardinen sitzen«** für einen Aufenthalt im Gefängnis erfand. Statt luftiger Gardinen waren vor den Fenstern der Häftlinge schwere Stahlgitter angebracht, um sie am Ausbruch zu hindern.

Redensarten und Sprichwörter, in denen die Schweden vorkommen, gehen in großer Zahl auf die Zeit des Dreißigjährigen Kriegs zurück. Als es für die protestantische Seite nach einer Niederlage aussah, griff Gustav Adolf, König von Schweden, 1630 mit der Landung seiner Armee in Pommern in den Konflikt ein. Bis tief nach Süddeutschland zogen die schwedischen Truppen, auch noch lange nach dem Tod des Königs Ende 1632. Dabei erlangten sie rasch den Ruf, besonders grausam

zu sein, wovon ungezählte Lieder, Gedichte und Sprüche zeugen, die teils bis heute fortleben. Auch der Spruch **»Das haben die Schweden liegen gelassen«** stammt aus jener Zeit. Damit meint man, etwas sei minderwertig oder sehr unhandlich und schwer. Einerseits bezog man sich dabei auf die plünderfreudigen Schweden, die angeblich alles, was irgendeinen Wert besaß, mitnahmen, andererseits augenzwinkernd auf Findlinge, die ja mit der Eiszeit aus Schweden gekommen waren.

Bekannt geblieben sind auch die Verse: **»Bet, Kindlein, bet! Morgen kommt der Schwed!«** Ob man sie als Drohung verwendet, als Stoßseufzer oder als Warnung, das kommt auf den Ton an. Im Norden hört man zuweilen als Fluch noch: **»Dass dich der Schwede …!«** Oder mehr im Süden auch: **»Die Schweden kommen!«** Schließlich **»jemandem den/die Schweden wünschen«**. Alle drei Wendungen beziehen sich ebenfalls auf die Brutalität schwedischer Truppen im Dreißigjährigen Krieg und auf die Angst, die sie verbreiteten. Oft erwähnt, aber redensartlich kaum noch anzutreffen, ist der **»Schwedentrunk«**, eigentlich eine Mischung aus Jauche und anderen üblen Flüssigkeiten, die nicht nur von Schweden, sondern von allen Armeen im 17. Jahrhundert zu Folterzwecken Menschen verabreicht wurde.

Bleibt noch der beliebteste Ausdruck: **»Alter Schwede!«** Das kann eine Bekräftigungsformel, vor allem bei jungen Leuten, sein, außerdem eine Überraschungs- oder Empörungsfloskel, eine scherzhaft-freundliche oder eine heitere, doch leicht misstrauische Anrede. Seit dem 19. Jahrhundert führt man den Ausruf auf schwedische Veteranen, also altgediente, nicht wirklich alte Soldaten, zurück, die in ziemlich großer Anzahl in die preußischen Truppen aufgenommen wurden und dort hohes Ansehen genossen. Aus dem Lobspruch für sie hat sich ein Überraschungsausdruck entwickelt, der schließlich immer weitere Sinnbereiche für sich erobern konnte.

Eine andere Erklärung leitet den Ausruf »Alter Schwede!« von dem unter Studenten im estnischen Dorpat beliebten Ausdruck »Oller Schwiet« her. »Suitier« hieß im Französischen ein lustiger, forscher Student. Gesprochen wurde das »Schwietjeh«, und von da war es nicht weit zu »Schwiet« und zu »Schwed«. Freilich fragt man sich, wie ein so regionaler und in abgelegener Gegend entstandener Ausdruck sich deutschlandweit hätte verbreiten können. Möglich, dass die Häufigkeit des Schweden im Volksmund dafür verantwortlich war.

SKYLLA UND CHARYBDIS

»zwischen Skylla und Charybdis«

Bedeutung: eine fast ausweglose Lage, in der man zwischen zwei schlimmen Übeln wählen muss

Hintergrund: Die zwei weiblichen Ungeheuer mit Namen Skylla und Charybdis sollen laut griechischer Mythologie an den gegenüberliegenden Ufern einer Meerenge, wohl der Straße von Messina, den Schiffen und ihren Besatzungen aufgelauert haben. Wer dort hindurch musste, hatte die schreckliche Wahl zwischen zwei tödlichen Gefahren. So ging es in Homers »Odyssee« dem Titelhelden. Die zauberkundige Kirke hatte ihn über die Gefahren unterrichtet. Odysseus schätzte Charybdis als gefährlicher ein als Skylla, denn sie verwandelte dreimal täglich das Meerwasser in einen tödlichen Strudel, sog es ein und spie es mitsamt den zerstörten Schiffen wieder aus. Also fuhr er in möglichst großer Entfernung von ihr durch die Meerenge, wobei er Skylla – einem Ungeheuer mit sechs Köpfen an langen Hälsen – zu nahe kam, die vom anderen Ufer aus mit ihren zahnbewehrten Mäulern sechs Seeleute aus seinem Schiff ergriff und fraß. Aus dieser Geschichte leitete sich das lateinische Sprichwort ab: **»Incidit in Scyllam qui vult vitare Charybdim.«** Das heißt: »Es gerät in Skylla, wer Charybdis vermeiden will.«

Ein wenig erinnert das an die Redewendung **»zwischen Pest und Cholera wählen«** – in beiden Fällen ist die Lage beinahe hoffnungslos, tödliche Gefahren und sichere Beeinträchtigungen drohen.

SPANIEN

»Das kommt mir spanisch vor.«
»Das sind spanische Dörfer für mich.«
»spanische Fliege«
»spanische Reiter«
»spanisches Rohr«
»spanische Wand«

Hintergrund und Bedeutung: »Das kommt mir spanisch vor« ist die häufigste Redensart, die man mit Spanien verbindet, und kann vielerlei ausdrücken: Ich verstehe das nicht, das scheint mir verdächtig, seltsam, fremd zu sein. Dieses Misstrauen gegen das Spanische geht wohl schon auf Karl V. zurück, König von Spanien und seit 1519 Kaiser des Heiligen Römischen Reichs Deutscher Nation. Seinen spanischen Vertrauten und Hofleuten begegnete man hierzulande mit Misstrauen und Missgunst. Das steigerte eine sowieso schon ausgeprägte Abneigung gegen alles Welsche, also vor allem gegen Italienisches, Französisches und Spanisches, und führte spätestens im 17. Jahrhundert zu der Redensart. Spanische Söldner, die im Dreißigjährigen Krieg auf deutschem Boden kämpften, waren vielleicht der letzte Anstoß dafür, dass sich der Ausdruck bei uns fest einbürgerte. Für einige Zeit machte das die Redewendung **»Das sind spanische Dörfer für mich«** beliebter als **»Das sind böhmische Dörfer für mich«**.

Das Exotisch-Besondere des Spanischen findet sich auch in anderen redensartlichen Ausdrücken wieder. Potenzsteigernde Mittel heißen seit Langem **»spanische Fliege«.** Eigentlich war das nur der deutsche Name des Blasenkäfers Lytta vesicatoria. Aus ihm konnte man den Giftstoff Kantharidin gewinnen, der in geringer Dosis luststeigernd wirken sollte. Als der bayerische König mit der Tänzerin Lola Montez eine Affäre hatte, dichtete ein unbekannter Witzbold: »Der boarische Löw hat sich sackrisch verhaut, hat a spanische Fliagn füra Löwin o'gschaut.«

Gar nicht harmlos sind die **»spanischen Reiter«**, die freilich auch als **»friesische Reiter«** bekannt waren. Es handelt sich um eine Vorrichtung zur raschen und effektiven Sperrung von Wegen, Stellungen und Arealen. Durch eine dicke Achse sind x-förmig Spieße oder spitze Stangen gesteckt. Ursprünglich dienten die »spanischen Reiter« der Abwehr von Reiterei-Angriffen. Längst nennt man ähnliche Hindernisse, die mit Stacheldraht umhüllt sind, ebenfalls so. Eine gesicherte Erklärung für ihre Bezeichnung gibt es nicht.

Beim **»spanischen Rohr«**, besser bekannt als »Rohrstock«, der wohl zuerst über Spanien auf den europäischen Markt drängte, ist die Herkunft eindeutiger. Die Rohrstöcke, zumeist aus Calamus-Arten aus Hinterindien gefertigt, dienten zuerst als elegante Spazierstöcke, so noch bei Charlie Chaplins Figur des Tramps. Dann traf man sie spätestens seit dem 19. Jahrhundert in den meisten Schulen an, wo sie als Zeigestöcke und als gefürchtete Züchtigungsinstrumente dienten.

Bleibt die **»spanische Wand«**, ein anderes Wort für »Paravent«, eine faltbare Folge von stoffbespannten, mit Scharnieren verbundenen Rahmen. In alten Filmen sieht man die spanische Wand in Künstlergarderoben und Privathaushalten, wo man sich hinter ihr umkleidete. Heute verwendet man sie eher, um Räume leicht und flexibel zu teilen. Eigentlich müsste sie »chinesische Wand« heißen, wurde sie doch dort erfunden. In Europa kam ihre Verwendung erst in Frankreich und dann durch blaublütige Spanier auch hier in Mode, was die deutsche Bezeichnung erklären kann.

SPARTA/LAKONIEN

»spartanisch«
»lakonisch«

Hintergrund und Bedeutung: Bis heute halten Filme, literarische Werke und Sprichwörtliches die Erinnerung an den antiken Stadtstaat Sparta und seine Bewohner wach. Er lag im südsüdöstlichen Teil des Peloponnes in der Landschaft Lakonien und glich einer Art Militärstaat mit Disziplinierung, Abhärtung und Kampftraining der männlichen Spartaner von klein auf. Hunger, Hitze, Kälte, Schmerzen, harte Schlafgelegenheiten – all das musste man aushalten können. Kulinarische Genüsse waren ebenso verpönt wie zu viele Worte.

So wurden die Spartaner und ihre harte Lebensart schon in der Antike bekannt, aber kaum sprichwörtlich, sieht man von ihrer berühmten Kürze und Treffsicherheit in der Rede ab. So heißt es bei Plutarch (ca. 45–125): »Als ihnen schrieb Philipp [der makedonische König] ›Wenn ich in Lakonien einfalle, werde ich euch zu Vertriebenen machen‹, schrieben sie zurück ›Wenn‹.« Tja, der Satz galt schon in der Antike: »Wenn das Wörtlein ›wenn‹ nicht wär ...« Diese kurze, pointierte Ausdrucksweise heißt bis heute **»lakonisch«** nach der Landschaft Lakonien, der Heimat der Spartaner.

»Spartanisch« findet man bei uns seit dem 17. Jahrhundert im sprichwörtlichen Sinn für »karg«, »bescheiden«, »anspruchslos«, »das Gegenteil von luxuriös«.

STOCKHOLM

»unter dem Stockholm-Syndrom leiden«

Bedeutung: sich von jemandem zu viel gefallen lassen und ihn sogar noch verteidigen, Sympathien für einen Geiselnehmer o. Ä. entwickeln

Hintergrund: Seit Sigmund Freud eine Art Popstar des Geisteslebens wurde, haben sich Fachbegriffe aus Psychiatrie und Psychotherapie fest in der Alltagssprache etabliert, wo sie oft ein Eigenleben entwickeln und nicht selten sprichwörtlich werden. Das betrifft den Minderwertigkeits- oder den Ödipuskomplex, das frühkindliche Trauma, aber auch das **»Stockholm-Syndrom«**. Es bezeichnet ursprünglich die überraschende Solidarisierung von Opfern einer Gewalttat mit den Tätern, besonders bei Geiselnahmen und Entführungen. Im sprichwörtlichen Gebrauch des Alltags bezieht man den Ausdruck auf wesentlich weniger schlimme Situationen unverständlicher Loyalität mit Unterdrückern oder Mobbern, beispielsweise am Arbeitsplatz. Ein kritisch-ironischer Ton gehört dabei dazu.

Hintergrund für die Prägung des Begriffs ist ein Bankraub mit Geiselnahme im Jahr 1973 in Stockholm, bei der sich die Geiseln – drei Frauen und ein Mann – nach dem Ende der mehrtägigen Tortur weigerten, gegen ihre Geiselnehmer auszusagen, und um ein mildes Urteil für sie baten, ja sogar Geld für die Verbrecher sammelten. Der Fall wurde Psychologen zur Beurteilung übergeben, die von einer krankhaften Reaktion auf den traumatischen Stress ausgingen. Außerhalb Schwedens setzte sich sehr schnell der Begriff »Stockholm-Syndrom« durch. Kurioserweise liest oder hört man manchmal im angelsächsischen Raum auch **»Helsinki syndrom«**.

THEBEN

»kundiger Thebaner«

Bedeutung: Eingeweihter, Kenntnisreicher, ehrende Anrede für Weise

Hintergrund: Zwei Städte namens Theben sind von alters her berühmt – eine in Ägypten und eine in Griechenland. Hier geht es um die griechische, in der viele Mythen angesiedelt sind. Der bekannteste Mythos ist wohl der um Ödipus, und er ist auch mit der Redewendung **»kundiger Thebaner«** gemeint. Theben war seine Heimatstadt, und Ödipus gelang es, sie durch das Lösen eines Rätsels von dem mordenden Ungeheuer namens Sphinx zu befreien.

Die Redewendung geht aber nicht direkt auf den alten, tragischen Mythos vom weisen Ödipus zurück. Das Zitat »kundiger Thebaner« stammt aus Shakespeares Drama »King Lear« (3. Akt, 4. Szene) und war unter Gebildeten lange Zeit beliebt. Sie nutzten das geflügelte Wort als lobende Anrede und Bezeichnung für altehrwürdige Weise, manchmal aber auch ironisch, um nur scheinbare Weisheit oder gar offenkundige Dummheit zu bespötteln. Im Drama nämlich spricht der aus Kummer verrückt gewordene König Lear von »diesem kundigen Thebaner« und bezeichnet so einen anscheinend ebenfalls verrückten Mann, der sich »armer Tom« nennt und wirres Zeug redet. In Wirklichkeit ist es der treue Edgar, der sich nur verrückt stellt. Verwirrend? Ja, aber gerade ihre zahlreichen Bedeutungsfacetten machten die Redewendung vom »kundigen Thebaner« – je nach Ton und Situation – besonders vielfältig anwendbar.

THULE

»ultima Thule«

Bedeutung: ein äußerster, manchmal unerreichbarer, faszinierender Punkt, das Ende der (bekannten) Welt, ein utopisches Ziel

Hintergrund: »Thule« klingt nach Wikingersprache, taucht aber als Wort erstmals in einem altgriechischen Text auf. Der griechische Geograf und Seefahrer Pytheas von Massalia verwendete es im 4. Jahrhundert v. Chr., um eine Gegend im hohen Nordwesten – weit über Britannien hinaus – zu beschreiben, wo sich Luft, Wasser und Land vermischten.

Schon in der Antike rätselte man, was mit »Thule« gemeint sein könnte, wo der Ort liege, ob im hohen Norden oder eher weit im Westen. Meist vermutete man, es sei eine Insel. Der Dichter Vergil prägte dann 29 v. Chr. die Redewendung **»ultima Thule«**, wörtlich und mit weiblichem Genus **»die äußerste Thule«**, um das letzte von Menschen erreichbare Land zu bezeichnen, aber auch ein unerreichbares Ziel. In dieser schillernden Bedeutung hielt sie sich bis heute. Ähnlich unerreichbar ist eine Sicherheit bei der Wortherkunft. So könnte das gotische Wort »Tiule« für das »entfernteste Land« oder das griechische Wort »telos« für »Ziel« dahinterstecken oder auch eine gemeinsame indoeuropäische Wurzel beider Wörter.

Forschungsreisende und Literaten sprachen und schrieben gleichermaßen fasziniert von »ultima Thule«, so Edgar Allan Poe oder Vladimir Nabokov. Wissenschaftler gaben einem chemischen Element und den nördlichsten Inseln diesen Namen. Und auch die Vorfahren der modernen Inuit werden als »Thule« bezeichnet. Dass der Comicheld Prinz Eisenherz, eigentlich Prince Valiant, aus Thule stammt, zeigt die Lebendigkeit des Mythos in der modernen Unterhaltungskultur. Wegen seiner Rätselhaftigkeit bleibt »ultima Thule« eine weite Projektionsfläche und ein sprichwörtlicher Sehnsuchtsort.

TORY ISLAND *siehe* »Das Modell ›Eulen nach Athen tragen‹«, S. 71

TRANENT *siehe* »Das Modell ›Eulen nach Athen tragen‹«, S. 71

TROJA

»trojanisches Pferd«
»Trojaner«

Bedeutung: ein Übertölpelungsinstrument, eine List, eine Schadsoftware, die in einem scheinbar nützlichen Computerprogramm steckt

Hintergrund: Seltsam, dass eine recht junge Redensart und eine unserer ältesten den gleichen Ursprung haben – die Sage vom Krieg um Troja! Der Mythos entstand etwa 1000 Jahre vor unserer Zeitrechnung und wurde durch den Dichter Homer unsterblich. Zehn Jahre belagerte ein Heer verbündeter Griechen die Stadtfestung Troja vergeblich. Der listenreiche Odysseus entwickelte schließlich die tückische Idee eines sehr großen Pferdes aus Holz, in dem sich Krieger verstecken konnten. Es wurde nach seinen Plänen am Strand vor der Stadt gebaut, Odysseus und seine Männer kletterten hinein, während das griechische Heer vorgab, aufzugeben und in die Heimat zurückzusegeln.

Die Trojaner kamen an den Strand und betrachteten verwundert das Holzpferd. Obwohl es unterschiedliche Überlieferungen gibt, sind sich alle Sagen einig, dass sie es schließlich als eine Art Triumphzeichen in die Stadt hineinzogen und ihren Sieg zu feiern begannen. In der Nacht kletterte Odysseus mit den Kriegern aus dem Pferd, öffnete den heimlich zurückgekehrten Griechen die Stadttore, und ein furchtbares Gemetzel begann, das mit Trojas Zerstörung endete.

Seitdem warnt man sprichwörtlich vor **»trojanischen Pferden«**,  womit allerlei geheime Listen und tückische Spionagemethoden etc. gemeint sein können, aber auch Personen, die unter dem Vorwand nützlicher Mitarbeit anderen schaden oder sie ausspionieren, so wie ein »Maulwurf« in der Spionage.

Seit fast 50 Jahren existiert daneben noch das Konzept einer Software, die nützlich zu sein scheint und dazu verführt, sie auf dem Rechner zu speichern, wo sie dann eine zerstörerische Wirkung entfaltet. Im amerikanischen Computerjargon hieß das dann

»Trojan horse« und wurde auch bei uns unter diesem Namen in Fachkreisen bekannt. Im Alltag wurde der Ausdruck bald aber ganz widersinnig zu **»Trojaner«** verkürzt – schließlich waren die Trojaner ja die Opfer, nicht die Täter.

Im englischsprachigen Bereich bezieht man **»Trojan horse«** übrigens auch auf betrügerische Geschäftsmodelle, bei denen durch wirkliche oder scheinbar günstige Angebote Menschen angelockt werden, um sie anschließend finanziell auszunehmen.

TULA *siehe* »Das Modell ›Eulen nach Athen tragen‹«, S. 71

TÜRKEI

»etwas türken«
»einen Türken bauen«

Bedeutung: etwas vortäuschen, nur so tun, als ob
Hintergrund: Hier strecken Sprichwortforscher die Waffen, obwohl es gute Erklärungsansätze gibt, ja vielleicht sogar, weil es so viele gute sind. Niemals wird aber ein betrügerischer Türke als Erläuterung der Herkunft angenommen. Insofern hat keine der Redewendungen einen fremdenfeindlichen Ursprung.

Der Ausdruck »die Türken« bezeichnete sehr lange Zeit vor allem Bewohner und Truppen des Osmanischen Reichs. Dessen Heer war seit dem 15. Jahrhundert weit nach Europa vorgedrungen und hatte zweimal beinahe Wien erobert. Es stand insofern mit Recht für das bedrohliche Fremde. Ähnlich sprach man im Osmanischen Reich von »den Franken«, wenn man Abendländer aller Art meinte. Beide Ausdrücke konnten positiv oder negativ verwendet werden. Erst im späten 18. Jahrhundert entspannte sich die Lage, sodass Goethe im »Faust« in der Osterspaziergang-Szene dichten konnte: »Nichts Bessers weiß ich mir an Sonn- und Feiertagen / Als ein Gespräch von Krieg und Kriegsgeschrei, / Wenn hinten, weit, in der Türkei, / Die Völker aufeinander schlagen.«

Der Jahrhunderte während Konflikt steht mit gewisser Wahrscheinlichkeit hinter der Redewendung **»etwas türken«** für »etwas vortäuschen«. Bei Manövern europäischer Heere bezeichnete man die den Feind simulierende Gegenseite bis Ende des 19. Jahrhunderts oft als **»die Türken«** oder **»den Türken«**. Kein Wunder, war das doch über lange Zeit der Hauptfeind gewesen! Im Manöver machte man außerdem gern den Besichtigungsoffizieren etwas vor, um besonders gut dazustehen, was ebenfalls zur Redensart hätte führen können. Sie taucht erst im späten 19. Jahrhundert auf, in Soldaten- und Theaterkreisen, wobei es wohl zuerst »türken«, dann **»einen Türken bauen«** – vielleicht nach dem Modell »einen Unfall bauen« – hieß.

Das macht ältere Erklärungsgeschichten – so schön sie sind – unwahrscheinlich, so etwa die von dem betrügerischen Schachautomaten, den Wolfgang Ritter von Kempelen 1769 baute. Er bestand aus einer Art Kommode mit Spieltisch, hinter dem eine lebensgroße Figur in osmanischer Tracht saß. Sie konnte die Figuren ziehen und spielte Schach auf hohem Niveau. Selbst Herrscher ließen sich von der unerhörten Apparatur täuschen, deren Geheimnis erst im 19. Jahrhundert entdeckt wurde: ein meisterhaft Schach spielender Zwerg steckte darin, der sich hinter Blenden verborgen hielt.

VALENCIA *siehe* »Das Modell ›Eulen nach Athen tragen‹«, S. 71

VENEDIG

siehe auch »Das Modell ›Eulen nach Athen tragen‹«, S. 71

»So spielt man in Venedig.«

Bedeutung: begleitende Worte für ein gut laufendes Kartenspiel, vor allem eines, bei dem man durch häufiges Stechen siegt, früher auch für »jemandem übel mitspielen«

Hintergrund: Europaweit galt Venedig seit spätestens dem 17. Jahrhundert als eine zwar mächtige Stadt, in der aber auch Intrigen, Maskeraden, Gift, willkürliche Verhaftungen, jähzornige und eifersüchtige Männer, Prostitution und Spielsucht das Leben gefährdeten. So hieß es vor 150 Jahren: »Zu Venedig lebt sich's prächtig, morgens in der

Messe andächtig, nachmittags ein kleines Spielchen und zu Nacht ein feines Dirnchen, also lebt sich's zu Venedig.«

In deutschsprachigen Landen brüstete sich deshalb etwa seit dem 19. Jahrhundert ein Spieler, der siegessicher trumpfte oder überhaupt erfolgreich spielte, damit, dass er so gut wie einer in Venedig spiele oder dass er auch in Venedig als Kartenspieler bestehen könnte.

In Spielerkreisen trifft man bis heute auf die Redewendung in allerlei Varianten und vor allem mit Ergänzungen: **»So spielt man in Venedig und den umliegenden Dörfern/Bierdörfern/Badeorten/großen Bädern.«**

Gerade in Bade-, also Kurorten wurde ja gern, viel und oft um hohe Einsätze gespielt.

Andere Venedig-Sprichwörter alter Zeit sind ebenfalls bemerkenswert, aber inzwischen ganz vergessen, weil die Umstände sich geändert haben. Man denke nur an: **»Venedig ist das Paradies der Mönche und Huren.«** Oder: **»Venedig mangelt's so wenig an Geld als Frankreich an Soldaten.«** Manchmal scheinen sie aber nicht so unpassend für heutige Zustände: **»In Venedig sind zu viel Köpfe, zu viel Feste und zu viel Ungewitter.«**

WALACHEI *siehe* »Sprichwörtlich provinzielle und spießige Orte«, S. 23

WARSCHAU *siehe* **Basel** und **Paris**

WATERLOO

»sein Waterloo erleben«

Bedeutung: eine entscheidende, empfindliche Niederlage erleben
Hintergrund: Der ziemlich unbedeutende Weiler mit Namen Waterloo liegt in Belgien und war nie der Schauplatz eines bedeutenden Ereignisses. Wenige Kilometer südlich aber fand am 18. Juni 1815 eine Schlacht statt, die das Schicksal Napoleons besiegelte und Europas Geschichte prägte. Viele Dutzend Bücher und ungezählte Aufsätze von Militärangehörigen, Historikern und begeisterten Laien widmen sich seither dem blutigen Geschehen. Einig ist man sich nur in einem Punkt: Die Schlacht hätte leicht anders ausgehen können.

Für die Zeitgenossen zeigte die Niederlage der Franzosen, dass Napoleon nach vielen Jahren als genialer Feldherr mit großem Schlachtenglück nun doch noch seine Meister gefunden hatte, und zwar in dem englischen Kommandeur Herzog von Wellington und in dem als »Marschall Vorwärts« gerühmten preußischen Generalfeldmarschall Blücher.

Das Siegtelegramm Wellingtons in die Heimat wurde dort bekannt als »Waterloo dispatch«, weil er es von dort abschickte. Die Engländer nahmen es geografisch nicht so genau und sprachen und schrieben nur noch von der »Schlacht von Waterloo«. Und die wurde auch europaweit sprichwörtlich für eine entscheidende Niederlage. Die Frage ist nur, warum nicht für einen entscheidenden Sieg? Nun, das Überraschende war damals die unerwartete Niederlage des sonst immer siegreichen Napoleons.

Es dauerte allerdings noch eine Zeit, bis sich die englische Wendung **»to meet one's Waterloo«** in Deutschland als **»sein Waterloo erleben«** richtig durchsetzte. Hier sprach man zunächst lieber auf Vorschlag Blüchers vom »Sieg von Belle Alliance«. So lautete der Name eines Gutes, auf dem sich die Sieger nach der Schlacht trafen und das wirklich auf dem Schlachtfeld lag. »Der Sieg bei ›Die schöne Allianz‹« hätte ideal gepasst für den Triumph eines Heeres, das aus Niederländern, Braunschweigern, Nassauern, Hannoveranern, Schotten, Iren und Engländern bestand. Viele meinen, Wellington habe Blüchers Idee nicht aufgenommen, weil »Waterloo« englischen Zungen bequem angepasst werden konnte. Es ist tatsächlich schwer vorstellbar, dass die Popgruppe »Abba« mit einem »La Belle Alliance« betitelten Hit 1974 den Grand Prix Eurovision de la Chanson (heute: Eurovision Song Contest) gewonnen hätte. Mit »Waterloo« dagegen machten sie Millionen Menschen weltweit mit der Redensart vertraut.

Ypern *siehe* **Basel**

KAPITEL 3

Ein Eldorado für eine babylonische Sprachverwirrung

Sprichwörtliches aus dem Rest der Welt

AGADIR

»Panthersprung nach Agadir«

Bedeutung: eine eindrucksvolle Tat, eine Tat, die Eindruck machen soll, aber scheitert

Hintergrund: Im Vorfeld des Ersten Weltkriegs kam es immer wieder zu internationalen Spannungen, die nicht selten von Kaiser Wilhelm II. ausgelöst oder verstärkt wurden. 1911 besetzte Frankreich die beiden marokkanischen Städte Fes und Rabat. Als daraufhin plötzlich ein deutsches Kriegsschiff vor der Küstenstadt Agadir auftauchte, begann die sogenannte zweite Marokkokrise. Es handelte sich um ein Kanonenboot und trug den stolzen Namen »Panther«. So vergleichsweise klein es mit seinen 130 Mann Besatzung und 67 Metern Länge war, so groß war die politische und öffentliche Wirkung. Im Deutschen Reich zeigte man sich begeistert und machte aus der Verlegung des Kanonenbootes den beeindruckend klingenden **»Panthersprung nach Agadir«**. Der schon ältere Ausdruck **»Kanonenbootpolitik«**, der den Einsatz von Kriegsschiffen als Drohkulisse bezeichnete, passte in diesem Fall perfekt und wird bis heute verwendet, obwohl es längst Flugzeugträger oder U-Boote sind, die man dabei einsetzt.

Eigentlich sollte jedenfalls mit dem »Panther« vor Agadir nur Druck auf Frankreich ausgeübt werden, um im diplomatischen Schacher ein größeres Stück vom afrikanischen Kolonialkuchen zu bekommen, doch reagierte Großbritannien mit noch größerem Druck und stellte sich auf Frankreichs Seite. Den folgenden Rückzug aus den Gewässern vor Agadir empfand nicht nur die deutsche Öffentlichkeit als Schmach und Demütigung, sondern auch die kaiserliche Diplomatie. Was eine kurze Zeit als großes Lob eingesetzt worden war, konnte nun auch fehlgeschlagene Projekte, die beeindruckend begonnen hatten, verspotten.

ÄGYPTEN

siehe auch »Das Modell ›Eulen nach Athen tragen‹«, S. 71

»eine ägyptische Finsternis«
»sich nach den Fleischtöpfen Ägyptens zurücksehnen«

Hintergrund und Bedeutung: Beide Redewendungen entstammen der Bibel und sogar demselben Geschichtenkomplex, nämlich dem um die Beendigung der Sklaverei des Volkes Israel in Ägypten.

Da der Pharao sich weigert, das Volk Israel aus der Sklaverei zu entlassen, lässt Moses als Druckmittel nacheinander zehn Plagen über das Land hereinbrechen. Eine davon ist »eine so dicke Finsternis in ganz Ägyptenland drei Tage lang, dass niemand den andern sah«. Kein Wunder, dass solch eine schreckliche, lange und auch am Tag andauernde Dunkelheit sprichwörtlich in vielen Sprachen wurde.

Nach einer weiteren furchtbaren Plage – der Tötung aller ägyptischen Erstgeborenen – lässt der Pharao das israelische Volk endlich ziehen. Die darauffolgende Wüstenwanderung bringt viele Entbehrungen und auch Hunger mit sich, und das Volk sehnt sich nach dem Leben in Ägypten zurück, wo man wenigstens genug zu essen hatte: »Und es murrte die ganze Gemeinde der Israeliten wider Mose und Aaron in der Wüste. Und die Israeliten sprachen: Wollte Gott, wir wären in Ägypten gestorben durch des HERRN Hand, als wir bei den Fleischtöpfen saßen und hatten Brot die Fülle zu essen.« Daraus wurde eine Redewendung im engeren Sinn, etwa als Warnung: **»Du wirst dich noch nach den Fleischtöpfen Ägyptens sehnen!«** Oder als Bedauern über verlorene gute Lebensumstände. In einem weiteren Sinn stehen die »Fleischtöpfe Ägyptens« aber auch nur noch für Wohlleben oder materiellen Gewinn.

In der Bibel rettet Gott übrigens Moses vor dem Volkszorn, indem er das ebenfalls sprichwörtlich gewordene Manna vom Himmel regnen lässt.

ALASKA *siehe* »Das Modell ›Eulen nach Athen tragen‹«, S. 71

AMERIKA

»der reiche Onkel aus Amerika«
»Amerika, du hast es besser.«

Hintergrund und Bedeutung: Vor allem im 20. Jahrhundert, zum Teil aber auch noch heute, verwendet man Träumern gegenüber die Redewendung vom **»reichen Onkel aus Amerika«**, der vielleicht das nötige Geld bringen könnte, um die unrealistischen Pläne umzusetzen. In der Tat hatten wegen der millionenfachen Auswanderung im 19. Jahrhundert sehr viele Deutsche Verwandte in den USA. Ab und zu tauchte dann so ein reicher oder zumindest reich wirkender Verwandter in der alten Heimat auf – jedes Mal ein aufsehenerregendes Ereignis, gerade weil es selten war. Anders freilich in der Literatur, im Film und auf der Bühne, wo so eine Figur recht häufig vorkommt. Vor allem deshalb setzte sich die Wendung hierzulande durch.

Man bewunderte Amerika, hielt es aber gleichzeitig – vor allem in konservativen Kreisen – für kulturlos. Das hinderte Johann Wolfgang von Goethe nicht daran, in seinen »Xenien« genau darin einen Vorteil zu sehen: »Amerika, du hast es besser / als unser Kontinent, der alte, / hast keine verfallenen Schlösser / und keine Basalte. / Dich stört nicht im Innern / zu lebendiger Zeit / unnützes Erinnern / und vergeblicher Streit.« Die erste Zeile wurde im 19. Jahrhundert zum geflügelten Wort, das mal ernst, mal ironisch verwendet wurde.

ANTARKTIS *siehe* »Das Modell ›Eulen nach Athen tragen‹«, S. 71

ARABIEN

»(alle) Wohlgerüche Arabiens«

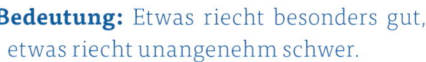

Bedeutung: Etwas riecht besonders gut, etwas riecht unangenehm schwer.

Hintergrund: Wieder einmal ist William Shakespeare verantwortlich für die Redewendung. In seinem Königsmord-Drama »Macbeth« lässt er die Frau des Titelhelden und Mittäterin im Wahnsinn sprechen: »Noch immer riecht es hier nach Blut; alle Wohlgerüche Arabiens würden diese kleine Hand nicht wohlriechend machen.« Was man sich unter **»alle Wohlgerüche Arabiens«** vorstellen soll? Vor allem Weihrauch, der aus dem Jemen über die Weihrauchstraße importiert wurde, ein stark duftendes Gummiharz. Aus dem arabischen Raum kamen aber auch Parfüms, die in Europa als besonders schwer galten. Insofern wird die Redewendung auch gern ironisch gebraucht, um den zu reichlichen Gebrauch von zu schweren, gar billigen Parfüms zu verspotten.

BABYLON

»der Turmbau zu Babel«
»eine babylonische Sprachverwirrung«
»ein Sündenbabel«

Hintergrund und Bedeutung: Wieder einmal ist die Bibel »schuld« daran, dass eine Stadt berühmt, ja berüchtigt wurde: Babylon bzw. Babel. Es war die Hauptstadt des babylonischen Großreichs, dessen Herrscher mehrfach Eroberungszüge bis ins Gebiet des Volkes Israel unternahmen.

Zur Entstehung von Sprichwörtern führte schon die Geschichte vom Turmbau zu Babel im 1. Buch Mose. In ihrer Vermessenheit hätten die Menschen in Babylon – etwa in der Gegend 100 Kilometer südlich von Bagdad gelegen – versucht, mit einem Turm den Himmel zu erreichen. Gott habe daraufhin, um die Hybris der Menschen zu bestrafen, aus der damaligen Universalsprache, die allen gemeinsam war, eine Vielzahl von Sprachen gemacht. Die Bauleute verstanden einander plötzlich nicht mehr, das Projekt scheiterte. Es blieben die Redewendungen vom **»Turmbau zu Babel«** für größenwahnsinnige Projekte und von der **»babylonischen (Sprach-)Verwirrung«** für ein verständnisfreies Durcheinander.

Noch häufiger hört man allerdings den Ausdruck **»Sündenbabel«** oder aber die Ergänzung eines Städtenamens durch **»-Babylon«**, um sie als verrucht, verkommen, dekadent, aber auch lebenshungrig und aufregend zu bezeichnen. So beschimpfte man im 19. Jahrhundert Paris als »Sündenbabel«, betitelte im 20. ein Skandalbuch übers Filmgeschäft mit dem Titel »Hollywood Babylon« und nannte im 21. eine deutsche Krimiserie, die in den 1920er-Jahren spielte, »Babylon Berlin«.

»Sündenbabel« und der Zusatz »-Babylon« verdanken sich vor allem dem letzten Buch der Bibel, der Offenbarung des Johannes. Im 17. Kapitel beschreibt es »die große Hure Babylon« als ein Weib in der Wüste, das auf einem Tier mit sieben Häuptern und zehn Hörnern sitzt. So wurde die vorher schon oft als sündhaft beschriebene Stadt selbst zu einer Art Ungeheuer und in allen abendländischen Kulturen sprichwörtlich.

BETHLEHEM

»bethlehemitischer Kindermord«

Bedeutung: eine besonders grausame Tat
Hintergrund: In der Bibel wird im Matthäus-Evangelium eine schreckliche Tat des Königs Herodes beschrieben. Ihm ist von einem »neugeborenen König der Juden« berichtet worden. Nun versucht er, die drohende Konkurrenz auszuschalten. Da er nur weiß, dass das Kind in der Stadt Bethlehem geboren worden sein soll, greift er zu einer drastischen Maßnahme und lässt »alle Knaben in Bethlehem töten und in der ganzen Gegend, die zweijährig und darunter« sind. Josef bekommt zum Glück rechtzeitig eine Warnung im Traum und macht sich mit Maria und dem kleinen Jesuskind auf die Flucht nach Ägypten. So ist die maßlos grausame Tat auch noch sinnlos. In der bildenden Kunst und in der Literatur stellte man sie oft dar, und im Alltag wurde sie sprichwörtlich für ähn-

lich schreckliche Aktionen oder auch ironisch für maßlose, aber sinnlose Taten.

Eine ähnliche Redensart gab es im englischen Parlament, wo man
die Vorlagen, die am Schluss einer Parlamentssitzung unerledigt waren, vernichtete und das launig **»Massacre/Murder of the innocent«**
nannte.

CHINA

»ob/wenn in China/Peking ein Sack Reis / Fahrrad umfällt«
»Das ist Chinesisch/Fachchinesisch für mich.«
»not for all the tea in China«

Hintergrund und Bedeutung: Das ferne China faszinierte das Abendland schon immer, gleichwohl wusste man nur sehr wenig über das
Reich der Mitte. Es war allerdings bekannt, dass Reis die Hauptnah-
rungsquelle und in der Zeit des großen Vorsitzenden Mao das Fahrrad
das Hauptverkehrsmittel war. Dementsprechend bot es sich an, etwas
ganz und gar Uninteressantes, Unspektakuläres mit dem Umfallen eines Reissacks oder eines Fahrrads in China oder in dessen Hauptstadt
Peking zu vergleichen.

Nicht nur das Land China ist für viele fremd, die Sprache Chinesisch
gilt in vielen Ländern als extrem kompliziert und wurde deshalb
sprichwörtlich für Unverständliches allgemein oder den
Jargon von Fachleuten und Spezialisten. In Spanien hingegen entwickelte sich die Redewendung »cuento chi-
no«, also »chinesische Geschichte«, für Legenden und
Lügenmärchen, wohl weil Reisende wie Marco Polo
im Mittelalter viele Geschichten auftischten, die
sehr fantastisch klangen und immer mal wieder
schlicht erfunden waren. Weil China aber sehr
weit entfernt war, konnten sie kaum über-
prüft und auch nicht widerlegt werden.

In seiner englischen Form hört man
heute öfter als Ablehnung oder Wider-

spruch die Wendung **»not for all the tea in China.«** Man wusste, dass außer Indien auch China unglaubliche Mengen Tee nach Westen exportierte, der vor allem im 19. Jahrhundert und in England hohe Preise erzielen konnte. Damals entstand der Ausdruck, um eine ganz entschiedene Ablehnung auszudrücken, dass man etwas nicht tun werde, selbst wenn einem die riesige und unvorstellbar wertvolle Gesamtmenge des Tees in China angeboten würde. Über Manager- und Diplomatenkreise wanderte die Redewendung zu uns ein.

DAMASKUS

siehe auch »Das Modell ›Eulen nach Athen tragen‹«, S. 71

»ein Damaskuserlebnis«
»sein Damaskus / seinen Tag von Damaskus erleben«

Bedeutung: sich durch ein einschneidendes Erlebnis grundlegend ändern

Hintergrund: In der biblischen Apostelgeschichte kommt im siebten Kapitel ein bemerkenswerter junger Mann vor. Er ist jüdischer Schriftgelehrter, römischer Bürger, hat griechische Bildung – und zwei Namen. Im griechisch-römischen Sprachgebrauch nennt er sich Paulus, im jüdischen Saul. Er heißt in Jerusalem die Steinigung des Christen Stephanus gut und verfolgt gnadenlos die junge Gemeinde. Auch in Damaskus will er eine Ausbreitung des Christentums verhindern und bricht dorthin auf. Kurz vor der Stadt erscheint ihm ein grelles Licht, das ihn zu Boden stürzen lässt, und eine Stimme sagt zu ihm: »Saul, Saul, was verfolgst du mich?« Es ist Jesus, der ihn anspricht und ihm befiehlt, aufzustehen und in die Stadt zu gehen. Saul kann allerdings nichts mehr sehen. Drei Tage lang ist er blind, er isst und trinkt nichts, bis ihn ein Christ namens Annanias heilt: »Sogleich fiel es ihm wie Schuppen von den Augen, und er konnte wieder sehen.« Nach diesem Erlebnis verwandelt er sich – wie so oft bei Überläufern – extrem: Der Christenverfolger wird zum Missionar fürs Christentum.

Die Bekehrungsgeschichte des Paulus wurde in Literatur und Malerei oft dargestellt. Kein Wunder, dass vielerlei Redewendungen sich darauf beziehen. Da ist schon das **»wie Schuppen von den Augen fallen«**, aber eben auch **»sein Damaskus erleben«**. Dabei fand die radikal verändernde Christusbegegnung ja nur nahe Damaskus statt, die eigentliche Bekehrung aber in der Stadt. Im Grunde genommen falsch ist die damit verbundene Redewendung für radikale Wendungen **»vom Saulus zum Paulus werden«**, weil sie mit »Saulus« den Christenverfolger identifiziert, mit »Paulus« den christlichen Apostel. Dabei führte der Mann einfach beide Namen. Dass Paulus selbst zu Beginn seines Galaterbriefs bei der Beschreibung seiner Bekehrung zwar Damaskus erwähnt, das dramatische Licht-Erblindung-Wiedersehenkönnen-Ereignis aber mit keinem Wort, ist durchaus erwähnenswert.

EDEN *siehe* **Paradies**

ELDORADO

»ein Eldorado sein«

Bedeutung: der ideale Ort für etwas oder jemanden sein
Hintergrund: Im 16. Jahrhundert erzählte man sich unter den spanischen Eroberern Südamerikas von dem sagenhaft reichen Goldland der Chibcha. So groß seien dessen Goldvorkommen, dass es bei religiösen Feiern eine bestimmte Zeremonie gegeben habe: Der Herrscher habe seinen ganzen Körper mit Goldstaub eingepudert und anschließend im heiligen See Guatavita gebadet. Außerdem hätten die Priester Opfergegenstände aus Gold im Wasser versenkt.

Die Legende von diesem sagenhaften Goldgebiet war ein wichtiger Anreiz für die Spanier, die Länder Südamerikas zu erforschen und sie sich untertan zu machen. Den goldgepuderten Herrscher nannten die Spanier »el dorado«, »den Vergoldeten«. Auch sein sagenhaftes Land bekam diesen Namen. Man vermutete es in verschiedenen Gegenden, zum Beispiel am Amazonas.

Zur weiteren Verbreitung des Wortes trug vor allem der Abenteuerbericht des englischen Seefahrers Sir Walter Raleigh bei. Er suchte 1595 das unendlich reiche Land Eldorado, indem er dem Flusslauf des Orinoko folgte. In seinem Buch »Die Entdeckung von Guyana« schreibt er: »Das Reich von Guyana ... hat mehr Überfluss an Gold als irgendein Teil von Peru ... Die Spanier, die Manoa, die Hauptstadt von Guyana, von ihnen El Dorado genannt, gesehen haben, versicherten mir, dass es an Pracht, Reichtum und wunderbarer Lage alles andere auf Erden weit übertrifft.« So wurde aus einem Herrschernamen durch eine Art stille Post ein Länder- oder ein Ortsname.

Schon 1579 hatten die Deutschen das schöne Wort aus dem Spanischen in ihre Sprache übernommen, wenn sie von einem Wunderland sprechen wollten.

HOUSTON

»Houston, wir haben ein Problem.«

Bedeutung: Es sieht gerade sehr schlecht aus, ein Fehler macht sich bemerkbar. Nebenbedeutung: Wenn wir zusammenhalten, schaffen wir das!
Hintergrund: Am 11. April des Jahres 1970 starteten drei Astronauten zum Mond. Ihre Mission nannte sich »Apollo 13«. Knapp 56 Stunden nach dem Start explodierte ein Sauerstofftank. Die Astronauten meldeten an die Kontrollstelle in Houston: »Okay, Houston, we've had a problem here.« Es stellte sich schnell heraus, dass das »Problem« tatsächlich eine lebensbedrohliche Katastrophe für die Astronauten war. Die drei im Weltraum und Dutzende Experten im Kontrollzentrum arbeiteten daraufhin fieberhaft an einer Rettung. Sechs Tage nach dem Start wasserte – direkt ein Wunder bei den vielen weiteren Problemen unterwegs – die Landekapsel im Ozean und drei Astronauten erblickten vollkommen erschöpft das Tageslicht.

Ein Vierteljahrhundert später kam der Film »Apollo 13« in die Kinos, der sehr erfolgreich war. Und was man schon zuvor manchmal gehört hatte, das wurde ab 1995 in leicht gekürzter Form zum geflügelten Wort, weil es Millionen im Kino und später im Fernsehen hörten: **»Houston, wir haben ein Problem.«** Was für ein cooler Spruch angesichts akuter Lebensgefahr!

INDIEN *siehe* »Das Modell ›Eulen nach Athen tragen‹«, S. 71

ISSOS

»Drei, drei, drei, bei Issos Keilerei«

Bedeutung: Drohung mit Prügeln, spöttische Kommentierung von Schlägereien

Hintergrund: Der Merksatz für die Schlacht bei Issos ist im deutschen Sprachraum immer noch eine der bekanntesten Eselsbrücken. Unter Eselsbrücken versteht man Sprüche, oft lustig formuliert und/oder gereimt, die als Gedächtnisstütze dienen. Dass sehr viele den Merkvers noch kennen, aber vergessen haben, was eigentlich seine konkrete Bedeutung ist, macht ein Grundproblem der Eselsbrücken deutlich.

In diesem Fall geht es um das erste kriegerische Aufeinandertreffen der Heere Alexanders des Großen und des Perserkönigs Dareios III. im Jahr 333 v. Chr.; Dareios verlor die Schlacht trotz großer Übermacht. Bedeutender noch war zwar die Niederlage bei Gaugamela zwei Jahre später, doch die gelungene Premiere Alexanders in der direkten Konfrontation hatte Signalwirkung, weshalb man sich der Issos-Schlacht mit Recht erinnert.

Ihre Bekanntheit führte zur übertragenen Bedeutung des Merksatzes in der Umgangssprache, um mit Schlägen zu drohen oder Schlägereien spöttisch zu kommentieren.

JERICHO

»wie die Posaunen von Jericho«

Bedeutung: sehr laut, sehr störend

Hintergrund: Man kann nicht sagen, die Bibel sei langweilig. Das gilt besonders für die Eroberung Jerichos – übrigens eine der ältesten Städte der Welt, die bis heute in den palästinensischen Autonomiegebieten existiert.

Die Eroberung Jerichos durch Josua und sein Heer folgt einem göttlichen Plan. Sechs Tage lang läuft ein merkwürdiger Zug um die Stadtmauern: vorneweg das Heer Josuas, ohne einen Laut zu geben, dann sieben Priester, die lautstark Posaune blasen, zuletzt Träger mit der Bundeslade, in der sich die beiden Gesetzestafeln mit den Zehn Geboten befinden. Siebenmal laufen alle um die Stadtmauern herum. Am siebten Tag ist alles wie sonst, aber bei der siebten Runde stößt das Heer – zusätzlich zum Lärm der Posaunen – lautes Feldgeschrei aus. Da fallen die Mauern in sich zusammen. Das Heer nimmt Jericho ein, tötet alles Lebendige bis auf die Hure Rahab, die israelitischen Spionen geholfen hatte, zerstört die Stadt und bringt die Wertsachen zum »Schatz des Herrn«.

Bis heute sagt man bei erheblichem Krach, der sich so anhört, als könne er Mauern einstürzen lassen, aber auch bei sehr lauter Musik, es klinge **»wie die Posaunen von Jericho«**.

JERUSALEM

»die Reise nach Jerusalem«
»Nächstes Jahr in Jerusalem!«

Hintergrund und Bedeutung: Viele haben **»Die Reise nach Jerusalem«** schon gespielt, vielleicht aber nicht unter diesem Namen. Trotzdem eine kurze Beschreibung: Ein Stuhlkreis mit einem Stuhl weniger, als es Mitspieler gibt, wird aufgestellt. Musik ertönt und alle laufen um die Stühle herum. Dann bricht die Musik ab und jeder sucht sich einen Platz. Wer übrig bleibt, scheidet aus. Ein Stuhl wird aus dem Kreis genommen, und es geht von vorne los. Dieses Spiel ist international bekannt und beliebt, es heißt manchmal nur anders: »Reise nach Rom«, »Stuhltanz«, »Vöglein, such dein Nest«, »stürmische See« etc.

Woher das Spiel kommt, ist so unklar wie der Name. Die Bezeichnung »Reise nach Jerusalem« gibt es auch in anderen Ländern wie z. B. auf den Philippinen. In Deutschland kennt man eine **»Reise nach …«** mindestens seit Mitte des 19. Jahrhunderts, ob nach Rom oder Jerusalem. Dass damit zwei wichtige Pilgerstädte vorkommen, weist auf den Ursprung hin: Der Gang um die Stühle gleicht einer Pilgerfahrt. Da in früheren Zeiten die Wege oft gefährlich waren, kamen von solch einer Reise nicht alle wieder. In Jerusalem heißt das Spiel heute in Iwrit (Neuhebräisch) übrigens »Musikalische Stühle«.

Längst hat sich die Redewendung vom Spiel emanzipiert, sodass man auch in allerlei Situationen, bei denen einer nach dem anderen verschwindet, hören kann: **»Das ist ja eine Reise nach Jerusalem.«**

Seltener hört man dagegen außerhalb des jüdischen Ritualgebrauchs den Spruch **»Nächstes Jahr in Jerusalem!«**. Seit fast 2000 Jahren hat er einen festen Platz am Ende des Sederabends, der die Pessach-Feierlichkeiten einleitet. Der Hintergrund ist folgender: 70 n. Chr. hatten römische Legionäre Jerusalem erobert, den Tempel zerstört und viele Juden ins Exil getrieben. Die Rückkehr nach Jerusalem war danach erklärtes Ziel und dringender Wunsch. Im Lauf der Jahrhunderte änderte sich daran nichts, und die rituelle Wiederholung des Wunsches, obwohl er fast nicht erfüllbar zu sein schien, beeindruckte auch Nichtjuden. Sie verkannten dabei, dass neben der konkreten auch eine religiöse Bedeutung existiert, denn Jerusalem, wörtlich »Stadt des Friedens«, gilt als ein Ideal, an dem man sein tägliches Leben auszurichten habe. So ist »Nächstes Jahr in Jerusalem!« auch der Ausdruck eines Strebens nach religiöser und moralischer Vollkommenheit.

Spätestens im 20. Jahrhundert wurde die sprichwörtliche Wendung auch in außerjüdischen Bereichen beliebt: als Buchtitel, in Artikeln und Sendungen oder im Alltag. Man kann sich damit zitathaft auf die jüdische Formel beziehen, eine unrealistische Hoffnung verspotten, einen nur frommen Wunsch oder eine kraftvolle Hoffnung ausdrücken.

Natürlich taucht die historisch wie religiös hoch bedeutende Stadt auch außerhalb des religiösen Zusammenhangs auf, so in Ungarn, wo es das Sprichwort für Leute, die weit danebenliegen, gibt: **»Er ist so weit**

davon entfernt wie Makó von Jerusalem.« Als der ungarische König Andreas II. sich 1217 dem fünften Kreuzzug anschloss, hielt einer seiner Begleiter mit Namen Makó die Stadt Spalatro in Dalmatien (das heutige kroatische Split) schon für Jerusalem – vielleicht war hier der Wunsch der Vater des Gedankens. Da trennten ihn aber noch über 2000 Kilometer Luftlinie vom Ziel.

JORDAN

»über dem Jordan sein / den Jordan gehen«

Bedeutung: sterben, abhauen, verschwinden, kaputtgehen, verloren gehen

Hintergrund: Warum heißt eine erfolgreiche Serie über eine Gerichtsmedizinerin »Crossing Jordan«? Weil es sich um eine internationale Redewendung für »sterben« handelt – nicht nur im Deutschen. Der Fluss wurde als natürliche Grenze zwischen dem Reich Israel und den benachbarten Völkern vor allem durch Texte der Bibel im Abendland sprichwörtlich. Die Israeliten überschritten ihn – durchaus auch im militärischen Sinn –, als sie das ihnen von Gott verheißene Land einnahmen. Der Jordan war darüber hinaus das Gewässer, in dem Johannes der Täufer Jesus taufte. So konnte schon im Judentum – und mehr noch im Christentum – das Überschreiten des Jordans mit dem Eintreten ins Paradies gleichgesetzt werden.

In der protestantischen Tradition, besonders bei den Pietisten, aber auch in amerikanischen Spirituals kommt das Überschreiten des Jordans als Chiffre für das Sterben vor, vor allem aber für ein Heimkommen, für ein sehnsüchtig erwünschtes Ziel des Lebens.

Auch andere Kulturen kennen den Flussübergang als Bild für das Sterben. In der griechischen Mythologie setzt der Fährmann Charon die Toten über den Unterweltfluss Styx und bringt sie damit in den Hades, das Totenreich.

Im Alltag übertrug man gerade im 19. Jahrhundert die ernste und fromme Wendung spaßhaft auf Menschen, die einfach verschwanden. Und später ließ sich **»über den Jordan gehen«** auch auf Dinge übertragen, die man verloren hatte oder die zerstört waren etc.

Kein Wunder, dass sich damals Varianten bildeten, unter denen eine in Deutschland bis heute allgemein bekannt ist: **»über die Wupper sein/ gehen«.** Hier muss man davon ausgehen, dass die launige Übertragung auf diesen an sich wenig bedeutenden Fluss lautmalerische Gründe hatte. »Wupp« klingt nicht nur nach »Schwupp«, einem Wort für schnelles Wegsein, sondern vor allem nach »Wuppdich«, einem Wort für rasche Bewegungen, besonders des Verschwindens. Das machte die Wupper deutschlandweit geeignet für die Variante. Wie beim Jordan erweiterte sich die Bedeutung der Redewendung rasch auf etwas, das verloren oder kaputtgeht.

Weitere Erklärungen, dass – vom besseren Stadtteil aus gesehen – jenseits der Wupper ein Gefängnis lag und dass die Wupper eine Zeit lang die Grenze zwischen Preußen und der Grafschaft Berg war, sodass »über die Wupper sein« auf Deser-

teure angewendet werden konnte, kann verstärkend hinzugekommen sein. Diese lokalen Besonderheiten erklären allerdings kaum die deutschlandweite Verbreitung.

KERMAN *siehe* »Das Modell ›Eulen nach Athen tragen‹«, S. 71

MEKKA

»ein Mekka sein«

Bedeutung: ein idealer Ort / ein Hauptort für etwas oder ein Traumziel sein

Hintergrund: In Mekka steht das wichtigste Heiligtum des Islam, die Kaaba; hier ist die Geburtsstadt des Propheten Mohammed. Mekka ist der wichtigste Wallfahrtsort für die muslimische Welt. Ihn sollte jeder Gläubige mindestens einmal im Leben besucht haben. Das wusste man im Abendland spätestens seit dem 19. Jahrhundert, als immer mehr

Reiseberichte und Abenteuerromane über die arabische Welt erschienen. In deutschsprachigen Gebieten machte vor allem Karl May die Bedeutung Mekkas und der Wallfahrt dorthin bekannt.

1898 schrieb beispielsweise Otto von Bismarck in seinen »Gedanken und Erinnerungen« über die »Redensart von dem ›Mekka der Civilisation‹«. Dass er den Ausdruck als »Redensart« bezeichnete und in Anführungszeichen verwendete, zeigt, dass er damals zwar verständlich, aber noch nicht selbstverständlich war.

Es dauerte aber nicht mehr lang, da konnte **»das Mekka der/des …«** als Lob für alle möglichen Orte verwendet werden, ob es dabei um seine Funktion als ideales Ziel ging oder um seine Qualität als ein Paradies für irgendwen oder irgendetwas. So findet man heute **»das Mekka der Mathematik«**, **»das Mekka der Milliardäre«**, **»das Mekka der Düsentriebs«**, **»das Mekka der E-Auto-Fahrer«** oder **»das Mekka der Gaming-Szene«**.

MOND

siehe auch »Sprichwörtlich provinzielle und spießige Orte«, S. 23

> »Eine Uhr geht nach dem Mond.«
> »jemanden auf den Mond schießen (können)«
> »in den Mond schauen/gucken«
> »den Mond anbellen«

Hintergrund und Bedeutung: Den Mond verehrten viele Kulturen als Gottheit. Man nutzte ihn außerdem für die Einteilung des Jahres. Im Islam und im Judentum ist der Mondkalender immer noch in Gebrauch, was zur Folge hat, dass sich alle Fest- und Feiertage sowie die Fastenzeiten etc. im Jahr verschieben. Das Mondjahr und das Sonnenjahr unterscheiden sich eben beträchtlich. Da die Mondkalender nicht recht »exakt« waren, lag es nahe, die im 16. Jahrhundert aufkommenden mechanischen Uhren, wenn sie vor- oder nachgingen, als **»nach dem Mond gehend«** zu belächeln. Heute glauben viele, dass die Mondzeit dem menschlichen Naturell viel eher entspreche als die Orientierung an der Sonne.

Wer allerdings in allen Entscheidungen des Alltags erst einmal den Mondkalender befragt und auch sonst esoterischen Einflüsterungen folgt, den würde man vielleicht ab und an gern **»auf den Mond schießen«**. Schon lange vor der Ära der Raumfahrt gab es Geschichten von Mondreisen, so bei Johannes Kepler, Cyrano de Bergerac oder Margaret Cavendish – also bereits im 17. Jahrhundert. »Der Mann im Mond« aus dem Märchen soll übrigens dorthin gekommen sein, weil er den Sonntag nicht heiligte. Das berühmteste Werk war lange Zeit Jules Vernes Doppelroman »Von der Erde zum Mond« und »Reise um den Mond«, wo man sich einer Monsterkanone und einer bemannten Riesengranate bedient und im Wortsinn drei Männer Richtung Mond schießt. Bei uns entwickelte sich die Redewendung aber im Zusammenhang mit der älteren Redewendung aus der Seefahrt **»in den Wind schießen«**. In jedem Fall findet man jemanden unerträglich, den man in den Wind oder auf den Mond schießen will.

Bis derjenige wiederkommt, kann man ruhig mal **»in den Mond schauen«**. Das taten besonders gern schmerzlich getrennte Verliebte, die sich versichert hatten, von ihren jeweiligen Standorten – am besten zu einer verabredeten Uhrzeit – den Trabanten ansehen zu wollen. Im Mond träfen sich dann die Blicke. Welch romantische Vorstellung! Die Trennung beendete gleichwohl so manche Liebe, sodass die Beteiligten im übertragenen Sinn »in den Mond schauten«. Der seine Form stets wechselnde Mond zeigte sich wieder einmal als Muster der Unzuverlässigkeit und des Misserfolgs. Da man zudem meinte, »in den Mond zu schauen« führe zu Verrücktheit und Verrückte könnten nichts erreichen, lag die Bedeutung »leer ausgehen« auf der Hand. Unter dem Einfluss von **»in die Röhre schauen«**, was von der Abtrittröhre auf das Fernrohr und die Mondschau übertragen wurde, verstärkte sich diese Bedeutung noch.

Als lächerlich empfand man es auch, wenn Hunde den Mond anbellten. Denn dem war das schnuppe. So bildete sich die Redewendung **»den Mond anbellen«** heraus, um Schimpfreden zu bezeichnen, die dem Beschimpften nichts schaden bzw. ihn nicht einmal interessieren.

Auf dem Mond ist man schon recht weitab vom Schuss, sodass man zu Unwissenden sagt: **»Du lebst wohl auf dem Mond.«** Die Steigerung ist dann **»hinter dem Mond«**, zumal wir die dunkle Seite des Mondes nie sehen.

NAZARETH

»Was kann Gutes von Nazareth kommen?«

Bedeutung: Etwas scheint nichts zu taugen, ist aber sehr gut. Etwas taugt nichts.

Hintergrund: Hier geht es um ein geflügeltes Wort aus der Bibel. Im ersten Kapitel des Johannesevangeliums wird die Berufung der Jünger beschrieben. Jesus übernimmt zwei Jünger von Johannes dem Täufer. Danach »findet Jesus Philippus«, wie es heißt, der ebenfalls sein Jünger wird. Philippus wiederum »findet Nathanael« und erzählt ihm, dass sie den Messias gefunden hätten: »Jesus, den Sohn Josefs von Nazareth.« Das überrascht Nathanael sehr, denn Nazareth ist ein Kaff in der Umgebung, das in den heiligen Schriften nicht erwähnt wird, und er antwortet deshalb skeptisch und ironisch: **»Was kann Gutes von Nazareth kommen?«** Wenig später überzeugt ihn die Begegnung mit Jesus davon, dass von dort doch etwas Gutes kommen kann, und Nathanael schließt sich ihm als Jünger an.

Sprichwörtlich wurde diese Geschichte und vor allem die Skepsis Nathanaels zuerst in Theologenkreisen. Man sagte schön ironisch **»Was kann von Nazareth Gutes kommen?«** und machte sich damit über Menschen lustig, die etwas Wichtiges verkannten. Wie so oft emanzipierte sich das geflügelte Wort bald von seinem Ursprung, sodass man es auch verwenden konnte, um etwas zu kritisieren. Manchmal ersetzte man dann auch »Nazareth« durch »Galiläa«.

PAMPA *siehe* »Sprichwörtlich provinzielle und spießige Orte«, S. 23

PARADIES

»ein Garten Eden«
»paradiesische Zustände«
»das verlorene Paradies«
»das Paradies auf Erden«

Hintergrund und Bedeutung: Paradiesvorstellungen gibt es in vielen Religionen, doch diese und ähnliche Redewendungen beziehen sich auf das biblische Paradies. Im ersten Buch Mose wird der »Garten Gottes« beschrieben – später auch **»Garten Eden«** genannt. Ob »Eden« auf ein akkadisches Wort für »Ebene« zurückgeht, wie manche Forscher vermuten? Wahrscheinlicher ist eine Herkunft aus dem Aramäischen und die Bedeutung »fruchtreich, wasserreich«. Sogar ein hebräisches Wort, das »Vergnügen, Wohlgefallen« bezeichnet, könnte dahinterstecken, sodass im Alten Testament ein »Garten des Vergnügens« die erste Heimstätte der Menschen gewesen wäre.

Beim Wort »Paradies« ist man sich immerhin sicher, dass es aus einer altiranischen Bezeichnung für eine Umwallung oder Umschließung entstand, die im Griechischen (»paradeisos«) für die persischen Königsgärten, im Hebräischen als Lehnwort für »Garten« allgemein steht, im Bibel-Griechischen dann speziell für den herrlich reichen und friedlichen Garten der Schöpfungsgeschichte. Von der Schlange verführt, übertreten die dort lebenden ersten Menschen Gottes Verbot, vom Baum der Erkenntnis zu essen, und werden zur Strafe aus dem Paradies vertrieben. Fortan müssen sie im Schweiße ihres Angesichts ihr Brot essen, unter Schmerzen Kinder gebären und dornige, distelige Äcker bearbeiten. Kein Wunder, dass ideale Lebensumstände als **»paradiesische Zustände«** bezeichnet werden, ein außergewöhnlich schöner Park als »Garten Eden« und die Sehnsucht nach einstigem Wohlleben als Klage um **»das verlorene Paradies«** daherkommt. Das **»Paradies auf Erden«** kann es eigentlich nicht geben, nachdem es durch Adam und Eva verspielt wurde, aber dennoch vergleichen wir etwas besonders Schönes damit.

Die ältere Wortform »Paradeis«, die noch in manchen Kirchenliedern oder alten Gedichten begegnet, hält sich bis heute im österreichischen Alltag. Dort spricht man statt von »Tomaten« von »Paradeisern«.

Ursprünglich hielt man den Granatapfel für den in der Bibel so verderblich wirkenden Paradiesapfel. Von ihm übertrug man die Bezeichnung in Österreich auf die Tomate. **»Paradeiser auf den Augen haben«** verwendet man allerdings auch dort eher ironisch.

PEKING *siehe* **China**

SAHARA *siehe* »Das Modell ›Eulen nach Athen tragen‹«, S. 71

SAMARIEN

»ein barmherziger/guter Samariter sein«

Bedeutung: ein Mensch, der anderen selbstlos und fraglos hilft
Hintergrund: Jesus erzählt im Lukasevangelium ein Gleichnis von einem Mann, der zwischen Jericho und Jerusalem unter die Räuber fällt, ausgeplündert und schwer verletzt zurückgelassen wird. Ein Tempeldiener und ein Pharisäer gehen vorüber, aber ein vorbeikommender Samariter hilft dem Mann nicht nur, er kümmert sich mit Hingabe und umfassend um ihn, bringt ihn zu einer Herberge, zahlt für Pflege und Unterbringung bis zu seiner Genesung bzw. verspricht, noch Ausstehendes später zu zahlen. Jesus beantwortet mit dem Gleichnis die Frage: »Wer ist mein Nächster?« Er macht deutlich, dass es jeder – selbst ein Verachteter – sein könnte.

Die Bezeichnung **»Samariter«** bezieht sich auf das alte Nordreich Israels, dessen Hauptstadt Samaria war. Ihre Bewohner und die des seit 722 durch die Assyrer zerschlagenen Nordreichs entwickelten einige religiöse Eigenheiten, für die sie von strenggläubigen Juden verachtet wurden. Dass gerade so ein eher missachteter Mann Hilfe leistete, diente Jesus als Gleichnis dafür, dass es auf die tätige Nächstenliebe ankommt, unabhängig davon, wer sie leistet oder wer Hilfe benötigt.

SCHANGHAI

»jemanden schanghaien«

Bedeutung: jemanden gegen seinen Willen mitnehmen, zu Diensten zwingen

Hintergrund: Nicht selten in der Geschichte fanden sich Seeleute ausgeraubt, unter dem Tisch oder plötzlich an Bord eines fremden Schiffes wieder – nicht nur in Abenteuerromanen. Die Praxis des **»Schanghaiens«** wendete man schon lange an, ehe dieser Name dafür aufkam. Eine Art K.-o.-Tropfen gab es ebenfalls, doch oft genügte es, Seeleute mit Alkoholika freizuhalten, bis sie vollkommen betrunken waren. Gegen einen Anteil an der Heuer verschacherte man die Schlafenden dann an Kapitäne, die Leute brauchten.

Nach der chinesischen Stadt Schanghai wurde dieses zwangsweise Anheuern etwa seit Mitte des 19. Jahrhunderts »schanghaien« genannt, weil chinesische Kulis, also einfache Arbeiter, in ähnlicher Weise dort massenweise zum Dienst in Übersee, vor allem in den USA und Südamerika, gezwungen worden sein sollen.

SIBIRIEN

»sibirische Kälte«
»Ab nach Sibirien!«

Hintergrund und Bedeutung: Schon im 19. Jahrhundert wurde Sibirien weltweit bekannt als Verbannungsort und wegen seiner extremen Kälte. Eine große Rolle spielte dabei die Literatur, wobei wohl am einflussreichsten Dostojewskis »Aufzeichnungen aus einem Totenhaus« (1861/62) und Jules Vernes »Der Kurier des Zaren« (1876) waren – beides Welterfolge bis heute.

Sibirien zeichnet sich zwar auch durch heiße Sommer aus, aber der Dauerfrostboden in den meisten Gebieten weist auf die bis unter minus 70 °C kalten und langen Winter hin, die sprichwörtlich wurden. Wenn es besonders eisig ist, spricht man daher von **»sibirischer Kälte«** und schreibt oder spricht im Zusammenhang mit kalten Orten oder Regionen von **»Bayerisch Sibirien«** oder **»Badisch Sibirien«** etc.

Schon die Zaren hatten, wie Dostojewski und Verne beschrieben, Sibirien als Verbannungsgebiet eingesetzt, doch in Deutschland bekam die Redensart **»Ab nach Sibirien!«** erst gegen Ende und nach dem Zweiten Weltkrieg eine ganz besondere Bedeutung, da deutsche Soldaten in sibirischen Kriegsgefangenen- und Zwangsarbeitslagern schuften mussten und vielfach dabei starben. In der sowjetisch besetzten Zone kam es ebenfalls zu Deportationen nach Sibirien, und in der DDR hielt sich der Spruch »Ab nach Sibirien!«, selbst wenn es »nur« um eine Inhaftierung oder Kaltstellung ging. Die Redewendung wurde in ganz Deutschland verwendet, um Schüler oder Untergebene in den Strafwinkel oder die Ecke zu schicken, und als drastischer Wunsch, jemand möge möglichst für immer verschwinden.

SODOM UND GOMORRHA

»Hier sieht's aus / geht's zu wie Sodom und Gomorrha.«

Bedeutung: Hier sieht es sehr unordentlich aus, hier geht es unordentlich, lasterhaft zu.

Hintergrund: Die Bibel berichtet im 1. Buch Mose, Kapitel 19 von zwei überaus sündigen Städten: Sodom und Gomorrha. Die Menschen dort wollen von göttlichen Geboten nichts wissen, was dem Herrn nicht gefällt. Er schickt Boten zu seinem dort wohnenden frommen Anhänger Lot, um ihn vor seinem zerstörerischen Feuer-Schwefel-Regen zu retten, der dann auch bald beide Städte zerstört. Aufgrund dieses göttlichen »Bombardements« nannte übrigens noch in typischem Militärhumor der englische General Arthur »Butcher« Harris die Luftangriffe im Juli 1943 auf Hamburg »Operation Gomorrha«.

Da Sodom und Gomorrha noch mehrfach in der Bibel als Beispiele für besonders sündigen Lebenswandel vorkommen, wurden sie erst in christlich geprägten Sprachen und Gesellschaften, dann allgemein im Abendland in diesem Sinne sprichwörtlich. Wegen des wüsten Lebens dort und der anschließenden Verwüstung stehen sie auch für wüste Zustände und Unordnung allgemein.

TEUFELS KÜCHE

»in Teufels Küche sein/geraten«

Bedeutung: sich in einer schlimmen Lage befinden, in die Hölle kommen

Hintergrund: In allen christlich geprägten Ländern verbreitete sich im Mittelalter aufgrund von Schriften und Malerei ein Bild von der Hölle als Ort der Strafe. Vor allem die Idee des Fegefeuers verstärkte die Vorstellung, dass die Sünder in der Hölle in einem Flammenmeer gequält würden. Bald steigerten sich die Bilder ins unvorstellbar Grausame: Die Sünder wurden nun in Kesseln auf großem Feuer gekocht, von Bratspießen durchbohrt und über Flammen gegrillt. So glich die Hölle bald der in der Redewendung beschriebenen **»Teufels Küche«**. Und wer auf Erden schlimm lebte, den beschimpfte man als **»Satansbraten«**, der dann wohl irgendwann auf dem Teller des Teufels landen würde. Eigentlich galt das ebenfalls für den **»Teufelskerl«**, doch vor Leuten mit Schneid hatte man auch Respekt, wodurch die heutige positive Bedeutung erklärlich wird.

Obwohl sie an sich zu den fiktiven Orten gehört, kann man »Teufels Küche« durchaus im realen Leben finden, nämlich in New York, wo ein Bezirk Manhattans seit dem 19. Jahrhundert als **»Hell's Kitchen«** bezeichnet wurde. Das galt wohl auch schon für einen Slumbezirk Londons, wobei in beiden Fällen eine eindeutige Herleitung der Bezeichnung nicht möglich ist.

Seit vielen Jahren werben weltweit Restaurants mit diesem an sich negativen Namen, um einerseits auf die höllisch scharfen Speisen, andererseits auf die teuflisch gute Küche hinzuweisen.

TIMBUKTU

»Geh doch nach Timbuktu!«
»Das liegt doch bei / ist total Timbuktu« etc.

Hintergrund und Bedeutung: So wie es in aller Welt bewunderte Metropolen gibt, gibt es als Gegensatz dazu Orte, die wegen ihrer Entlegenheit, Exotik, Kuriosität und Provinzialität sprichwörtlich und lächerlich gemacht wurden, beispielsweise Cochinchina im Spanischen.

Das international berühmteste Beispiel ist zweifelsohne Timbuktu. Nicht nur bei uns, sondern auch bei den Schweizern, Holländern und im englischsprachigen Raum ist die Stadt in Mali am Südrand der Sahara ein Synonym für das Entlegene, Exotische und Seltsame.

Die Aufforderung **»Geh doch nach Timbuktu!«** heißt dementsprechend so viel wie »Hau ab, auf Nimmerwiedersehen!«. In den USA beschreibt die Redewendung »from Timbuktu to Kalamazoo« oder »going all the way to Timbuktu« eine unglaublich lange Reise. Kein Wunder, dass Donald Duck am Ende mancher Geschichten zu diesem Ort in Westafrika flieht, weil er dort weit genug weg von seinem Onkel und also sicher ist.

Im Gegensatz zu den letzten Jahren, als Timbuktu wegen der Zerstörungswut von Islamisten oft in den Medien auftauchte, war es über Jahrhunderte in Europa mehr oder weniger ein Mythos und wurde für eine Art Eldorado gehalten. Tatsächlich war die wohl gut 1000 Jahre alte Stadt über lange Zeit wohlhabend, im hohen Mittelalter ein Hort islamischer Gelehrsamkeit und im 15. und 16. Jahrhundert besonders reich, weil sich hier bedeutende Handelsrouten kreuzten. Spätestens als 1550 die Berichte des Reisenden Leo Africanus über Timbuktu in Europa im Druck erschienen, verbreitete sich der Ruhm der wunderbaren Wüstenstadt als Zentrum der Gelehrsamkeit und Schönheit in fabelhaften Berichten und in der Literatur. Ihr Geheimnis bewahrte sie für das Abendland bis 1826/28, als erstmals Europäer in die Stadt gelangten. Ihre ernüchterten Berichte über die dortige Lehmarchitektur und eine durch veränderte Handelsrouten arm gewordene einstige Metropole desillusionierten stark.

Galt Timbuktu bis dahin durchweg als schwer erreichbarer, exotischer und fantastischer Sehnsuchtsort, verengte sich die Bedeutung bis zum Ende des 19. Jahrhunderts zu einer sprichwörtlichen Bezeichnung für das ganz Entlegene, Uninteressante und Provinzielle.

TIMING

»Timing ist keine Stadt in China.«

Bedeutung: Kümmere dich mal um dein Timing!
Hintergrund: Das heitere Sprichwort kommt vor allem in Theater-, Film- und Fernsehkreisen vor. Dabei spielt man mit der für uns auffälligen Häufung der Silbe -ming im Chinesischen und dem englischen Ausdruck für genaue Beachtung des rechtzeitigen Handelns und einer perfekten Zeiteinteilung: Timing eben. Spricht man die Silben nur ein wenig getrennt aus, klingt das Wort wie »Tai-ming« und also wie eine chinesische Stadt. Das Sprichwort spottet über Leute, die mit Timing so wenig am Hut zu haben scheinen, dass sie das Wort eher für eine chinesische Stadt halten. Ähnlich ironisch kritisiert man unter Film- und Fernsehleuten unfähige Kameraleute mit dem Sprichwort: »Schärfe gibt's beim Inder.«

WATERGATE

»Watergate-Affäre / Watergate-Skandal«
»ein Nippelgate / Dieselgate erleben« etc.

Bedeutung: Etwas ist ein großer Skandal.
Hintergrund: Mit vier Hektar Grundfläche gleicht der Watergate-Komplex eher einem kleinen Stadtteil Washingtons, in dem sich ein Hotel, zwei Büro-, drei Wohngebäude und ein Einkaufszentrum befinden. Berühmt-berüchtigt wurde der Ort durch den Einbruch von fünf Männern am 17. Juni 1972 in das Hauptquartier des »Democratic National Committee«, das sich im sechsten Stock des Hotel-/Bürokomplexes befand. Während der Aufklärung des Falls entdeckten die Ermittler immer mehr Straftaten, hinter denen der repub-

likanische Präsident Richard Nixon und seine Vertrauten steckten. Der Präsident trat schließlich 1974 zurück.

Die internationale Tragweite der **»Watergate-Affäre«** bzw. des **»Watergate-Skandals«** führte zu einer sprichwörtlichen Bedeutung erst in den USA, bald in Großbritannien und schließlich weltweit. Dabei wurde der Begriff vornehmlich auf skandalöse Vorfälle angewandt, die durch intensive Recherche ans Licht gebracht werden konnten. Seltsamerweise bediente man sich dabei einfach nur des Bestandteils »-gate« (also »-tor«). Obwohl die mit »-gate« neu gebildeten Wörter keinen Sinn ergaben, funktionierte die beabsichtigte Assoziation mit einem Skandal irgendeiner Art sofort. Bis heute kann man wohl Hunderte Beispiele dieser redensartlichen Bildung finden, vor allem im englischsprachigen Raum, aber auch in der arabischen Welt oder in Ländern wie Argentinien, Deutschland, Griechenland, Südkorea und Ungarn. Wahrscheinlich reizt die simple Möglichkeit, mithilfe von nur vier Buchstaben jedes beliebige Wort als neuen Skandal zu kennzeichnen.

Besonders bekannt wurden **»Nippelgate«**, als Justin Timberlake in der Pause des Superbowls 2004 eine Brust Janet Jacksons entblößte, und seit 2015 **»Dieselgate«**, das in den USA auch **»Emissiongate«** genannt wurde und sich auf die betrügerische Abschaltungsvorrichtung für die Abgasreinigung mehrerer Autohersteller bezieht.

WELT

> »am Arsch der Welt«
> »der Nabel der Welt«
> »Hier ist die Welt mit Brettern vernagelt.«
> »aus der Welt sein«
> »heile Welt«
> »in einer anderen Welt leben«

Hintergrund und Bedeutung: Manche modern klingenden Wendungen wie **»jemand lebt am Arsch der Welt«** sind viel älter, als man meint. So schrieb Martin Luther in einem Brief an seinen Vertrauten Wenzeslaus Link in Nürnberg am 23. Januar 1527: »Gnade und Frieden! Nichts Neues gibt es, was ich an Dich schreiben könnte, mein Wenzeslaus, und was sollten wir, die wir in diesem Arsch der Welt verborgene Würmer sind, an Euch schreiben, die Ihr auf dem Gipfelpunkt der Welt sitzt, und an Ort und Stelle die Schönheit der Welt seht und hört?« Nun gut, Luther schrieb lateinisch, und da klingt »in hoc culo mundi« weniger derb. Wie kommt es zu dieser seltsamen Redewendung?

Es liegt wohl an der geradezu gegensätzlichen Redewendung vom **»Nabel der Welt«**. Diesen Ausdruck bezogen die alten Griechen ganz konkret auf Delphi. Dort zeigte man den sogenannten Omphalos-Stein, wörtlich übersetzt »Nabel-Stein« – er sollte den Nabel der Welt markieren. Die Römer übernahmen die Vorstellung vom Nabel der Welt und – Überraschung! – verlegten ihn nach Rom, aufs Forum. Andere Kulturen verorteten ihn wieder woanders. Selbst im oberfränkischen Bamberg existiert vor dem Dom so ein Mittelpunktstein. Heute glaubt kaum noch jemand, im Besitz des Nabels der Welt zu sein. Umso beliebter ist die Redewendung, die oft ironisch verwendet wird: **»Der hält sich / seine Heimat etc. wohl für den Nabel der Welt!«** Es lag nahe, sich zum »Nabel der Welt« ein Pendant vorzustellen, den »Arsch der Welt«.

Der »Arsch« gilt oft auch als das Extreme und das Ende, weshalb gut dazu die Redensart passt **»Hier ist die Welt mit Brettern vernagelt«**. Man sagt das ja, wenn es nicht mehr weitergeht, eine Straße in einer Sackgasse endet oder im Wald. Neuerdings wird sie auch als Beschreibung langweiliger Orte verwendet. Man kann sich so eine Bretterwand gut vorstellen, die ein Durchkommen verhindert. Johannes Olorinus Variscus, der eigentlich Johannes Sommer hieß, wird die Erfindung des Ausdrucks zugeschrieben. In seiner »Ethnographia Mundi« von 1643 berichtet er, dass jemand ans Ende der Welt gekommen sei, es allerdings mit Brettern »unterschlagen« vorgefunden habe – Ende im Gelände. Die Bretter am Weltende hielten sich und wurden durch die Nägel nur noch ein wenig verstärkt.

Dass jemand, der **»aus der Welt«** ist, völlig weltfremd ist, versteht man gleich. Aber warum muss das auch für jemanden gelten, der eine **»heile Welt«** anstrebt? Noch Mitte des 18. Jahrhunderts galt die »heile Welt« als eine erstrebenswerte und gute Idee. Erst im 19. Jahrhundert wurde die Vorstellung lachhaft, vielleicht weil so viel Unrecht, Krieg, Leid und Unvollkommenheit in der Welt waren. Da wuchs die Sehnsucht danach, **»in einer anderen Welt zu leben«**, in einer besseren natürlich. Nicht wenige Autoren beschrieben sie und einige Künstler malten sie auch, aber für Otto Normalverbraucher wirkten solche Leute wiederum bloß weltfremd.

INTERNATIONALE ORTSSPRICHWÖRTER UND -REDEWENDUNGEN

Ägypten: »Das ist eine Bema-Rechnung.« Die Redensart mokiert sich über unnötig komplizierte Rechnungen und fußt auf einer lustigen Geschichte: Ein Mann im fiktiven Ort Bema rennt aus Versehen eine Frau mit einem Eierkorb um. Er fragt nach der Zahl der Eier, um sie zu bezahlen. Die Frau antwortet aus Scham über deren große Zahl indirekt, indem sie sie in einer komplizierten Rechnung versteckt.

Argentinien: »Von Guatemala nach Guatepeor gehen« Die Redewendung bedeutet so viel wie in Deutschland »vom Regen in die Traufe kommen«. Das Wortspiel funktioniert im Spanischen, weil die Endsilbe »-mala« so viel wie »schlecht« heißt, »-peor« dagegen »noch schlechter«.

Brasilien: »Rio de Janeiro! Wie schade, dass man dort auch sterben muss!« Das Sprichwort preist einerseits die Lebensfreude der Stadt, macht sich andererseits aber auch ein wenig über die dortige Realitätsvergessenheit lustig.

China: »Seit alter Zeit gibt es nur einen Pfad durchs Hua Shan.« Das gebirgige Areal mit Namen Hua Shan kann nur auf einem einzigen, beschwerlichen und gefährlichen Pfad überwunden werden. Das Sprichwort stellt klar, dass ein bestimmter Weg schwierig, aber alternativlos ist.

Japan: »Die drei Affen von Nikkō« sind die drei Affen, die nicht hören, sehen und sprechen wollen. Sie sind verbunden mit der berühmten Tempelstadt Nikkō, wo sich ein Standbild der drei befindet. Wir beurteilen die Untätigkeit der drei heute als negativ, doch eigentlich geht die Redewendung auf eine positive Geschichte zurück, in der die Affen als Spione der Götter über die Menschen berichten sollen. Ein Zauber sorgt dafür, dass sie weder hören noch sehen oder sprechen können,

»»»

was sie daran hindert, ihrer Aufgabe nachzukommen. Die Verneinungssilbe »-zaru« in den japanischen Wörtern für »nicht sehen, nicht hören, nicht sprechen« klingt ähnlich wie »saru«, das Wort für Affe.

Kaschmir: »Ein Kamel fraß Baumwolle in Anantnag, und in Baramulla wurde die Nase eines Wollkämmers abgeschlagen.« Das Sprichwort spielt darauf an, dass nicht selten ein Unbeteiligter, der noch dazu weit entfernt ist, für die Taten eines anderen bestraft wird. Um von Anantnag nach Baramulla zu gelangen, muss man immerhin eine 130 Kilometer lange, bergige Strecke überwinden.

Nigeria: »Ein weiser Mann in Aba ist ein Narr in Abba.« Zwar klingen die beiden Ortsnamen sehr ähnlich. Aber während Aba eine wichtige Handels- und Hafenstadt war und heute fast eine Millionenstadt ist, sind die beiden Orte namens Abba klein. Das Sprichwort bedeutet, dass sich die Urteile der Menschen je nach dem Ort und den damit verbundenen Umständen drastisch unterscheiden.

Peru: »Peru ist ein Bettler, der auf einer goldenen Bank / einem goldenen Thron sitzt.« Dieses bittere Sprichwort beklagt die Ausbeutung der reichen Bodenschätze des Landes durch ausländische Firmen.

Polen: Etwas ist nötig **»wie der Teufel in Tschenstochau.«** Im berühmten Wallfahrtsort der Schwarzen Madonna ist der Teufel natürlich höchst überflüssig.

Russland: In Russland ist eine **»Hamburger Rechnung«** eine klare und korrekte Rechnung. Der Ausdruck bezieht sich wohl noch auf die sprichwörtlich rechtschaffenen Hansekaufleute.

Sri Lanka: »Wie die Portugiesen nach Kotte gingen.« Die Redewendung sagt aus, dass etwas umständlich ist oder viele Umwege benötigt, und geht auf eine historische Anekdote zurück: Als die Portugiesen 1505 auf Sri Lanka, damals Ceylon, landeten, führten die Einwohner sie auf verschlungenen Pfaden zur Hauptstadt des damals die Insel beherrschenden Reichs von Kotte, um sie über die Größe des Reichs und die Lage der Stadt im Unklaren zu lassen. Die Portugiesen ließen jedoch in regelmäßigen Abständen Schiffsgeschütze abfeuern, von deren Knall sie auf die Entfernung schließen konnten. In Kotte hörten sie den Schuss sehr laut und wussten, dass sie wieder in der Nähe ihres Schiffs waren.

>>>

Spanien: »In Babia sein« Die Redewendung bedeutet »geistesabwesend sein«. Babia ist eine Region, in der sich eine Sommerresidenz der Könige von León befand. Dort verbrachten sie Zeit, um sich zu entspannen und von den Regierungsgeschäften abzulenken. Wem man heute nachsagt, er sei in Babia, der scheint von dieser Sommeridylle zu träumen.

Tibet: »Selbst wenn das Hochwasser die Einwohner von Drib wegträgt, haben sie noch Opfergaben unter dem Arm.« Das Dorf Drib liegt südlich von Lhasa. In den Augen der anderen Tibeter übertreiben dessen Bewohner das Opfern. Das Sprichwort kann einfach allgemein vor Übertreibung warnen.

Ukraine: »wie ein Schwede bei Poltawa« Der Schwedenkönig Karl XII. konnte nach dem Wendepunkt seines Russlandfeldzugs gerade noch den ihn verfolgenden russischen Soldaten entkommen. Seine Armee deckte seinen Rückzug und wurde bei Poltawa schwer geschlagen. Die Redewendung bezieht sich also auf einen, der völlig hilflos ist oder schwer verprügelt wurde.

USA: »I would rather be living in Philadelphia.« Der berühmte Grabspruch des Komikers und Schauspielers W. C. Fields ist noch heute ein geflügeltes Wort, mit dem man konstatiert, dass man lieber etwas anderes tun würde.

REGISTER

VERWENDETE LITERATUR

Allgemein verweise ich vorab auf Wolfgang Mieders ungezählte Untersuchungen, die Zeitschrift »Proverbium« sowie Speziallexika und Wörterbücher zur – auch historischen – Idiomatik, die ich hier wegen der Menge nicht nennen kann.

David Crystal: As they say in Zanzibar. Proverbial Wisdom from Around the World. London 2006.

Duden: Redewendungen. Redewendungen der deutschen Idiomatik. 4. Auflage. Berlin 2013.

Duden: Wer hat den Teufel an die Wand gemalt? Redensarten – Wo sie herkommen, was sie bedeuten. 5. Auflage. Berlin 2018.

Reinhard Dzingel: http://dzingel.eu/

Susanna Eger: Leipziger Kochbuch von 1745. Leipzig 1745. [Neudruck Leipzig 2006]

Artur Conrad Förste: 38 neue Forschungen und Quellen zur Geschichte und Ortsnamenkunde der Buxtehuder Geest. Mit 52 Bildern und Karten und einer farbigen Übersichtskarte. Moisburg 1995.

Hugo Kastner: Von Aachen bis Zypern. Geografische Namen und ihre Herkunft. Baden-Baden 2007.

Ralph Keyes: The Quote Verifier. Who said what, where, and when. New York 2006.

August von Kotzebue: Das merkwürdigste Jahr meines Lebens. Berlin 1802. [Verschiedene Neuauflagen sowie im Netz zu finden]

Lexikon der Redensarten: Herkunft und Bedeutung deutscher Redewendungen. Hg. von Klaus Müller. München 2005.

Hubert Orlowski: »Polnische Wirtschaft«. Zum deutschen Polendiskurs der Neuzeit. Wiesbaden 1996.

Lutz Röhrich: Lexikon der sprichwörtlichen Redensarten. Freiburg 2003.

Helmut A. Seidl: Nürnberger Tand geht durchs ganze Land. Sprichwörtliche Porträts fränkischer Orte. Regensburg 2012.

Stadtlexikon Nürnberg: Hg. von Michael Diefenbacher, Rudolf Endres. Nürnberg 2000.

Dietmar Urmes: Handbuch der geographischen Namen. Ihre Herkunft, Entwicklung und Bedeutung. Wiesbaden 2003.

Karl Friedrich Wilhelm Wander: Deutsches Sprichwörter-Lexikon. Ein Hausschatz für das deutsche Volk. Leipzig 1866–1880. [In verschiedenen Nachdrucken erhältlich und im Netz zu finden unter www.zeno.org]